中国不動産バブル

柯 隆

文春新書

1452

不動産バブルは貨幣的な現象だが、中国の不動産バブルの形成と崩壊は中国社会に内在する制度的歪みによるものである。金融政策のみによってバブル崩壊には対処できない。それを是正し問題を解決するには、抜本的な政治改革と経済改革が必要不可欠である。

——著者

はじめに　不動産バブル崩壊の幕開け

開発中の不動産プロジェクトが次々とゴーストタウン化

中国の不動産市場がバブルになっていると言われて久しいが、不動産市場は崩壊する気配を見せず、中国経済も成長を続け、不動産バブルを指摘する者はまるでオオカミ少年のように思われていた。だが現状を見ると、中国は１人当たりＧＤＰが１万２０００ドル程度の国にもかかわらず、国内の不動産価格はニューヨークやロンドン、パリ、東京の相場を凌駕している。これは明らかにバブルになっていると言えるだろう。

世の中に崩壊しないバブルは存在しない。２０２１年、中国大手不動産デベロッパー・恒大集団（エバーグランデ）は初のデフォルト（債務不履行）に陥った。これは中国不動産バブル崩壊の幕開けを意味する出来事である。２０２３年６月時点での恒大集団の負債総額は２兆３８８２億元（約48兆円）に上り、６４４２億元（約13兆円）の債務超過となっていた。売れ残りの不動産は１兆８６００億元（約22兆円）だった。この金額から問題の深刻さが分かる。同年8月、恒大集団はニューヨークの連邦破産裁判所に米国連邦破産法第15条の適用を申請した。

恒大集団のサクセスストーリーは中国の不動産神話そのものだった。不動産業はスケールメリットの大きい産業である。規模が拡大すれば拡大するほど、固定費の割合が低下し、そのぶん利益が拡大する。この点を、恒大集団の創業者である許家印はよく理解していたのだろう。恒大集団はあまりにも大きな成功を収めたため、許家印は政治協商会議の委員にまで選ばれた。日本に置き換えると、国会議員になった以上の重要な意味を持つ。この出来事は許家印と政府の「関係」（コネクション）の親密さを示すものであり、同社にとって土地入札を邪魔する者をすべて排除できる担保となった。

そんな恒大集団がなぜデフォルトに陥ったのか。実は以前から業界では、同社のキャッシュフローに問題があるとの噂があった。不動産だけでなく、不動産とはシナジー効果のない他業種にも手を広げ過ぎたのである。たとえば、プロサッカーチームを買ったり、電気自動車（ＥＶ）の開発・製造を始めたり、テーマパークを建設したり、等々。不動産市況が下火になるにつれ、恒大集団にとってこれらの副業は重荷になった。

その後、恒大集団は資産の一部を売却し、許家印が個人で所有する不動産や自家用ジェットも売却された。その売却代金を以て負債の返済に引き当てたが、焼け石に水だった。現在、許家印の身柄は警察によって拘束されている。

デフォルトに陥ったのは恒大集団だけではない。２０２３年10月、業界最大手の碧桂園（カントリーガーデン）が、１５００万ドルのオフショア債の利払いを延滞したことが判明した。同社は同年12月、同じ不動産大手デベロッパー大連万達集団（ワンダ・グループ）の系列企業の株を30億７０００万元（約６２０億円）で売却したが、資金繰りが悪化したからだとみられる。碧桂園は恒大集団とは違い、副業にほとんど手を出していない。それでもデフォルトに陥ったというのは、中国の不動産業界全体が地盤沈下していることを意味している。

中国は14億人の人口を有し、土地資源が極端に不足している。需要と供給を考えれば、不動産神話が崩れることは絶対にないと信じられてきた。しかし、現実問題として、主要大都市の不動産価格は大きく下落してきている。開発途上の不動産プロジェクトがストップし、ゴーストタウンと化す案件が増えている。さらに２０２４年１月、不動産案件に投資するシャドーバンキング大手投資会社・中植企業集団が破産を申請した。同社の資産総額はピーク時には１４００億ドル（約20兆２６００億円）に達していたが、破産を申請したときに受けた監査によれば、負債総額が４６００億元（約9兆３１００億円）なのに対して、資産は２０００億元だったとされている。

これらの現象を見れば、中国の不動産バブルは明らかに崩壊したと言っていいだろう。崩壊のきっかけは2つあった。１つは習主席が「家は住むためのものであり、投機の対象ではない」と呼び掛けたことだった。これを受けて、人民銀行は住宅ローンに対する規制を強化した。もう１つはコロナ禍だ。３年間続いたゼロコロナ政策のために、たくさんの中小零細企業が倒産し、若者の失業率は大きく上昇した。その結果、一般家計は生活防衛に走って消費を控えるようになり、不動産需要が落ち込むこととなった。一方、富裕層と中所得層は海外に移住しようと手持ちの不動産物件を売りに出し、不動産市場は供給過剰になったのだ。

マイホームに執着する中国人たち

もともと、中国人は土地に対して特別な思いを持っている。

少し前のことだが、ある中国人女性が沖縄の無人島を買ったと報道され、日本中が大騒ぎになった。この女性が中国政府のスパイで、無人島が中国人民解放軍の軍事基地にされてしまうのではないかと心配した人もいたようだった。また、以前から一部の評論家が、外国人による日本の土地や不動産の購入を規制すべきとテレビなどで主張しており、この議論にも火が付くこととなった。

無人島を買った中国人女性については今のところ、中国政府のスパイである証拠は出てきていない。本人もここまでの騒ぎになって驚いたはずだ。

この一件は、土地に対する日本人と中国人の認識の違いがよく表れている。実は中国人は地球上に自分の土地を持つことに、日本人が想像する以上に感動を覚えるものなのだ。自分の土地とは、誰にも侵害されない私有財産を意味する。日本ではごく当たり前のことだが、中国ではそれが許されない。土地はすべて国のものであるからだ。マイホームを買っても土地の所有権がないので、道路を敷くなどの必要が出てきたら、政府が強制的に民家を取り壊すことができる。自分の財産が法的に守られていないため、最低限の安心すら得られない。だからこそ中国人富裕層は海外に移住して、まずはマイホームを買いたいと考える。多くの中国人は土地の権利書（登記簿謄本）を手に入れた瞬間、なんともいえない感動を覚えるという。

中国ではかつて、農民にとっての土地（農地）は自分のルーツであるとよくいわれていた。だが、土地の所有を禁じる社会主義体制の今は、都市部の住民も地方の農民も、自分の土地を所有することができない。今の中国人は自分が浮草のような存在と感じているだろう。

さらに、コロナ禍で中国は無法地帯と化した。中国政府は２０２０年から3年間にわたり、厳しい隔離措置を軸とするゼロコロナ政策を実施。一部の地域では白い防護服を着た役人とみられる連中が勝手に民家に侵入し、ベッドの上にまで消毒液を撒き、犬や猫などのペットを殺処分した。中国の民法で保障されている最低限の私有財産権が侵害されただけでなく、憲法で保障されている人権もとことんまで踏みにじられた。中国では「正しいこと」をするためなら、法的根拠など必要がないという風潮がある。ここでいう「正しいこと」とは、政府共産党による指示である。

ここまでの仕打ちにもかかわらず、中国人は賃貸で家を借りるよりも、マイホームを購入することに執着する。そのため中国の不動産市場は、取引の量では飛躍的に拡大しているが、構造的に著しく歪んでいる。

なぜ中国人はマイホームにこだわるのか。それには2つの理由がある。1つは賃貸で家を借りた場合、せっせと家賃を払っても、退去時に自分の手元に1人民元の財産も残らないということだ。中国人の価値観からすると、なんとなく損したような気分になる。要するにマイホーム購入は、住むための手段を確保するというよりも、財産を蓄えるためという側面が大きいのだ。もう1つは、信用の問題だ。賃借契約が成立するための条件は、貸すほうと借りるほうの両方が、きちんと契約を履行することである。しかし中国社会では、契約をきちんと履行すべきという文化は十分に定着していない。トラブルを回避するためにも、マイホームを購入したほうがいいと考えられているわけだ。

不動産開発は一石二鳥の戦略だった

中国政府も不動産開発を熱心に促進してきた。その理由を知るために、まずは中国の経済発展モデルと政府の経済政策を概観しておく必要がある。そもそもの始まりは、1978年に始動した改革・開放政策だ。それ以前の中国経済は毛沢東時代の計画経済の失敗により破綻状態にまで陥っていたが、最高実力者となった鄧小平は大きく方針転換。段階的に経済の自由化を進め、外国企業の対中直接投資を誘致した。この政策の真髄は、中国国内にある大量の廉価な労働力を外国資本と組み合わせ、廉価な商品を大量に生産・輸出して外貨を獲得することだった。

　この輸出依存のモデルは比較優位戦略と呼ばれる政策だが、輸出製造業の伸長は間違いなく中国経済の飛躍に大きく貢献した。一方、輸出促進を偏重する政策をとったことで国内市場の発展は遅れ、とりわけ都市インフラ整備は諸外国に著しく後れを取っていた。いかにして都市再開発を進めるかは中国政府の長年の悩みだった。しかも、輸出製造業に依存する経済成長は輸出先市場の景気循環に大きく左右される弊害がある。

　１９９０年代に入り、朱鎔基首相（当時）は内需に依存する経済成長を強化しようと呼び掛けた。内需のなかでももっとも可能性を秘めているのは不動産に対する需要だった。不動産開発は人々の住環境を改善するだけでなく、経済成長を押し上げる効果が期待され、いわば一石二鳥の戦略であったのだ。

　しかし、不動産開発を進めるには、高い壁が立ちはだかっていた。それが土地の公有制である。国が所有する土地は自由に売買できないのが不動産開発にとっての弊害だった。その弊害を取り除くため、中国政府は日本からある重要な制度を学んだ。定期借地権という概念である。もともと中国共産党幹部の頭のなかには土地の所有権と使用権（借地権）を分ける考えがなかったが、日本には定期借地権という制度があることを偶然に知った中国共産党幹部が、同じように定期借地権を設定してそれを払い下げることで都市再開発ができると閃いた。１９９０年代後半から、ホテルやスーパーなどの商業用地は50年、マンションなどの宅地は70年の定期借地権が一律に設定されて払い下げが始まった。それをきっかけに都市再開発・不動産開発は一気にブームとなっていった。マンションなどの不動産開発を進めれば、その地域の商業施設も整備される。地方政府は土地の使用権を払い下げて得られた財源をもって、地下鉄などの都市交通システムを整備できる。一石二鳥どころか、実に一石多鳥のゲームである。これこそ、中国政府が不動産開発を熱心に推進する強いインセンティブとなっている。コロナ禍が到来する前、家具などの関連ビジネスを含めた不動産関連産業は、中国のＧＤＰ全体の約３割を占めているといわれていた。

中央政府にとっての不動産開発は経済成長を牽引するエンジンだが、地方政府はそれに便乗して、「融資平台」(platform）と呼ばれる投資会社（日本の第三セクターのようなもの）をたくさん設立した。これらの投資会社は地方政府からサポーティングレター（暗黙の保証）をもらって国有銀行から巨額の融資を受けると同時に、社債を発行している。社債発行で調達された資金は、都市インフラ整備、市庁舎の拡張と不動産開発への投資へと回された。不動産バブルが崩壊した今、これら「融資平台」の多くはすでに債務超過に陥っている。地方政府は自らが設立した「融資平台」を救済したいだろうが、その地方政府の財政も赤字に転落している。彼らの運命は、中央政府が救済するかどうかにかかっている。

マネーゲームと腐敗の進行

　中国政府は経済成長の促進と人々の住環境の改善を目的に不動産開発を奨励したが、それに関連する種々の制度設計が遅れたまま、見切り発車していった。結果として様々な弊害がもたらされたが、その１つが国有銀行と不動産デベロッパーと政府役人の癒着による腐敗の進行だ。

　地方政府は土地の使用権を払い下げるにあたり入札をおこなうが、その入札が公正に行われる制度面の担保がないまま、不動産開発が進められていった。開発が進むなかで、地方政府の幹部はみるみるうちに金持ちになった。人間は金持ちになると、どうしても見栄を張るようになる。

　以前、土地使用権の入札を担当する地方政府のある幹部の動画がＳＮＳにアップされ話題になった。動画では幹部の腕にロレックスの時計が嵌められていたが、彼の給料でロレックスの腕時計が買えるはずがない。ちなみに、政府役人の給料は高くてもせいぜい1、2万人民元である。この動画によって、該当の幹部は追放され失脚した。実は、この「表哥」(時計の兄さん)は一人二人ではない。習政権になってから数百万人の共産党幹部が追放されているが、その多くは不動産開発関連の腐敗幹部といわれている。中国では、規律委員会の事情聴取を受ける幹部は、自分の預貯金などの財産の由来を明らかにする必要がある。由来を説明できなければ、不正で得たお金と見なされ、党から追放されてしまうのだ。

　一般的に、土地使用権の入札には複数のデベロッパーが参加するが、どのデベロッパーが落札できるかは、入札を司る地方政府の幹部にどれほど賄賂を払うかによる。ずいぶん昔のことだが、北京に出張したとき、ある夕食会に招かれた。その夕食会には同時に、あるデベロッパーの社長も招待されていた。食事の合間の雑談で、その社長は自分の故郷の区長が捕まり、11年の刑を食らったことを明かした。保有していた１００万元(当時の為替レートでは千数百万円だった)の財産について、由来が言えなかったからだ。10年以上も前のことだが、地方政府の幹部の給料からすれば１００万元は大金だった。しかし、その社長は、「１００万元は我々にとってはお小遣いに過ぎない。一晩の麻雀の掛け金でも

１００万元を超える」と自慢した。不動産開発のマネーゲームにより、共産党幹部とデベロッパーの金銭感覚は明らかにおかしくなってしまったのだ。

土地使用権の払い下げにおいてガバナンスが利いていないと、地方政府とデベロッパーによる不正が横行する。こうした不正は賄賂をもらう側にとっては機会コストが安いが、最終的なツケは不動産、すなわち、マイホームを購入する消費者が払うことになる。先ほどのエピソードは不動産開発が始まった初期のケースだが、時間が経つにつれて徐々に開発の規模が拡大し、賄賂の金額も跳ね上がっていった。近年は直接現金を渡す代わりに、開発されたマンションのカギと権利書を渡すケースも増えた。逮捕された共産党幹部とその家族が所有するマンションや別荘の戸数は、何十、何百という数になっている。

最近になって、デフォルトを起こした大手不動産デベロッパーの経営者や創業者たちの生活がＳＮＳなどで暴露されるようになった。その贅沢三昧ぶりは想像を絶するものだった。彼らは中国国内はもとより、香港、アメリカ、ヨーロッパなどにも豪邸を所有し、自家用ジェットに乗って飛び回る。こうした生活が許されるのは、彼らが賄賂を渡した共産党幹部から保護されているからだ。不動産業界のサプライチェーンとバリューチェーンを通じて、中国社会特有の金権政治の構図が形成されているのだ。

共産党統治体制をひっくり返す要因に

「荀子《じゅんし》」の教えに「水能載舟、亦能覆舟」（水は舟を浮かべることができるが、同時に舟を転覆させることもできる）というものがある。この言葉を今の中国の状況に当てはめると、不動産開発は中国の経済成長を牽引することができるが、同時に共産党統治体制をひっくり返すこともできる、といえる。

重要なのは法による統治の徹底と透明性の担保である。ガバナンスが利かない社会では、絶対的な権力を握る共産党幹部と役人は往々にして腐敗する。大規模な腐敗は共産党幹部と役人個人の倫理の問題もあろうが、それよりも、制度の欠陥によるところが大きいと認識すべきである。習政権にとって不動産バブル崩壊の経済危機は共産党一党独裁体制を脅かすものである。

本書では中国の不動産市場の内実だけでなく、共産党一党独裁の政治システムと経済制度の問題も解明することにしたい。

中国不動産バブル　◎目次

第1章　中国の不動産で何が起きているのか

2000年代からの不動産ブーム

まずは中国の不動産バブルについて、不動産ブームが始まった2000年代から振り返りつつ、現在の中国がおかれた状況や課題を整理していこう。

2008年の北京オリンピックを目指し、その前から中国では都市部を中心に、みるみるうちに街の景観が変化していった。大都市は工事現場と化したため、粉塵による大気汚染が社会問題になった。高速道路が伸び、高速鉄道も開通したため、街の自転車の数は少なくなった。北京や上海などの駅舎や国際空港ターミナルは大規模化していった。中国経済の高度成長期のピークは、まさに2008年の北京オリンピック、2010年の上海万博のころだったとみられている。

図表1に示したのは中国の実質GDP伸び率の推移である。1980年代と90年代で高い成長を実現した年があるが、当時はGDPの規模が小さく、1人当たりのGDPも少なかった。「はじめに」で述べたように、当時の中国経済は中国の廉価な労働力と外国資本との組み合わせで大量の製品と商品を生産して輸出することで実現されたものだったが、2001年の世界貿易機関（WTO）加盟を契機に、流通などのサービス企業も中国に進出した。さらなる経済成長を達成するため、政府は物流インフラの整備に取り組み、中国

図表1　中国の実質GDP伸び率の推移

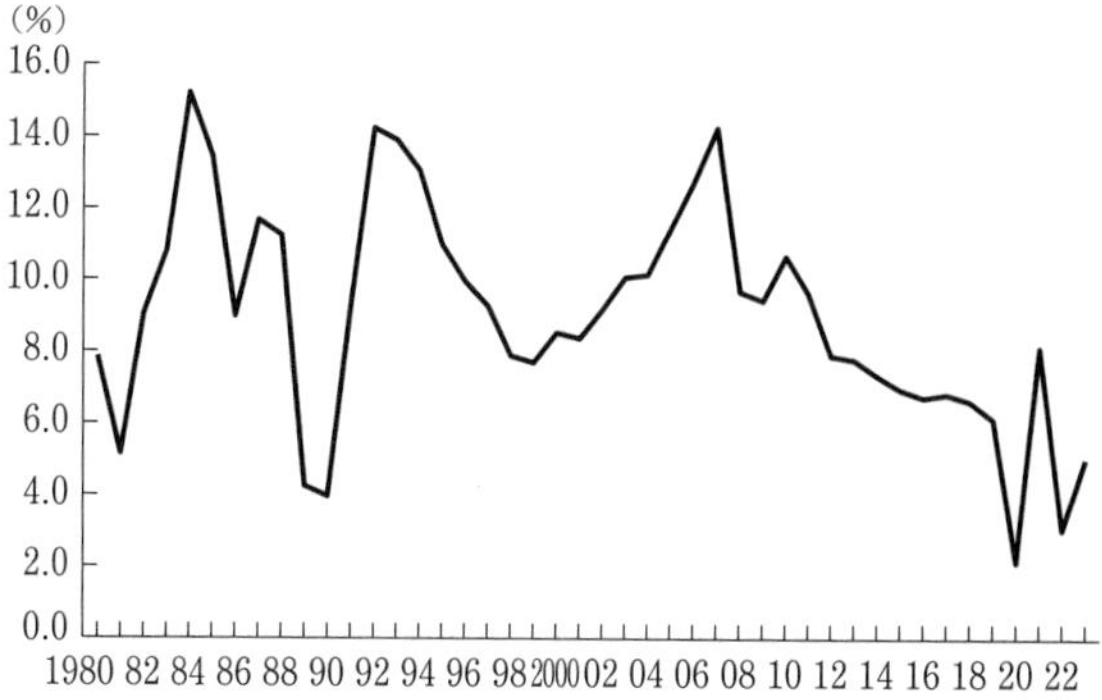

資料：中国国家統計局

は高度成長期のピークに達した。中国の１人当たりＧＤＰが初めて３０００ドルを超えたのは、２００８年になってからである。

　あのころ、出張などで中国を訪れる日本人の多くは中国の変化に驚いた。大都市を中心に日本のタワーマンションのような高層マンションが相次いで建設された。逆に、海外へ旅行に出かける中国人は、東京、ニューヨークやパリ、ロンドンを見て、中国に遥かに遅れているのではないかと愛国心を高揚させた。彼らは先進国の大都市のどのような点にがっかりしたのだろうか。中国の都市再開発は基本的に、旧市街を根こそぎ取り壊して、その上に新しい街を建設する形をとっていた。しかも、駅舎や空港ターミナルは必要以上の大きさにするのが一般的である。それに対して先進国の大都市は、基本的に旧市街を残す前提で部分的に再開発をおこなっている。中国人からすれば、新しさという面で劣っているように見えたのかもしれない。ただ、文化の保存、都市交通インフラの効率性などを考えれば、中国スタイルの都市再開発にはさまざまな問題が潜んでいるのだが、この点について詳細は後述することにする。

誰もが「神話」を信じた

２０１０年ごろ、中国に出張して何度も現地の経済学者たちと論争したことがある。論点は「中国の不動産ブームはあと何年続くのか」だった。当時、中国の経済学者たちは、中国の不動産ブームは「剛需」（絶対に必要な需要）によって支えられている。14億人の中国人はみんなマイホームを購入したいと思っている。したがって、不動産ブームは長期にわたって続く、と主張していた。彼ら自身も不動産神話を信じ、マイホーム以外に投資目的で2戸目、3戸目のマンションを購入していた。ちなみに、当時の住宅ローンの金利は6％以上だった。冷静に考えて、これだけの金利をカバーするマンションの値上がりが見込めなければ、マンション投資はできない。中国の経済学者たちが市況についてどれだけ楽観的になっていたのか、一片を窺うことができる。

当時、大都市の不動産価格は、中国の勤労者家族の年収の20倍ほどに達していた。不動産ブームは明らかに不動産バブルへと変化しており、このまま持続できるとは思えなかった。崩壊しないバブルはこの世に存在しないからだ。問題は私の主張を聞き入れる中国人経済学者が一人もいなかったことだ。

仮に中国の不動産ブームが続くとすれば、一つ重要な前提条件を満たさなければならない。それは、李克強前首相が目指そうとした「中高レベル」（6～7％）の成長率を、中国経済が安定して維持することである。しかし、習近平政権が正式に誕生した２０１３年3月以降の中国経済は、図表1で確認いただければわかるように減速の一途を辿った。中国の経済学者は不動産バブルの崩壊を予測できなかったのではなく、経済成長のトレンドを見誤ってしまったのである。

日本のバブル崩壊よりも深刻な影響が……

２０２３年9月、中国のSNSである情報が流れて大騒ぎになった。中国国家統計局副局長だった賀鏗が中国国内で開かれたフォーラムで、中国の不動産市場は供給過剰の問題が深刻で、今売りに出されている住宅は14億人が入居しても余るぐらいだ、と述べたとのことだった。中国の不動産市場は明らかに供給過剰になっているが、賀の言い方は明らかに事実に反している。部屋の広さは別として、単純計算すれば、1戸あたりに住んでいる中国の標準家族は3～4人である。今現在、3億ないし4億戸のマンションまたはアパートが売りに出されているとは思えない。このような荒唐無稽な数字をもとに、中国不動産バブルが崩壊したと指摘するのは、根拠不足といわざるを得ない。

不動産バブルが崩壊したかどうかについては、専門家の間でも意見が分かれている。中国の不動産バブルがすでに崩壊したと指摘する専門家は、不動産デベロッパーのデフォルトを理由に中国経済が日本化（Japanification）する、すなわち、日本と同じように失われた20年か30年を喫するのではないかとみているようだ。

それに対して、中国の不動産バブルは崩壊していないとみている専門家は、中国の景気減速は一時的なもので、デベロッパーがデフォルトを起こしているが、不動産バブルの崩壊を意味するものではないと指摘している。

では、どちらの見方のほうがより真実に近いのか。

私の考えを大胆にいえば、中国が民主主義の市場経済だという前提に立てば、すなわち、政府が直接市場に介入できないということを前提として考えれば、中国は30余年前の日本と同じように不動産バブルが崩壊し、デフレに突入している段階だと断言できる。

中国の不動産バブルはすでに崩壊している。事業を多角化させていたデベロッパーはもちろんのこと、本業に絞って不動産開発に専念していた「健全」なデベロッパーも、経営難に直面するようになった。

ただし、中国の不動産バブルの崩壊の仕方は、30余年前の日本が経験したバブル崩壊とは異なるものになる。日本のバブル崩壊は金融システムに飛び火し、都市銀行を含む大手金融機関までが倒産したが、それ以上はバブル崩壊の影響が広がらなかった。とくに重要なのは、日本は30年を失ったといわれているが、技術は失わなかったことだ。それに対して、中国のバブル崩壊は国有銀行に飛び火するだけでなく、地方財政にも飛び火し、深刻な社会不安を引き起こす恐れがある。それはサプライチェーンの再編と重なり、外国企業が工場をほかの途上国に一斉に移転すれば、中国は技術も失う可能性がある。

幹部を接待するための「喜び組」

中国の不動産価格がバブルと化した流れを振り返ろう。都市開発のために、デベロッパーは地方政府から地上げされた土地を落札して、それを担保に銀行から融資を受ける。そのプロセスで地方政府の幹部および銀行の幹部に多額の賄賂を贈るというのは、中国では広く行われている周知の事実である。そこに不動産建設の材料費や人件費の上昇も上乗せされていく。経済が順調に成長している段階では不動産開発も順調に進み、デベロッパーの売り上げも順調に拡大していた。

このようななか、多くのデベロッパーは経営の多角化を図っていった。不動産業は景気にもっとも連動する産業である。景気のよい局面において不動産業は景気の牽引役となる。景気が減速すれば、不動産業は一気にしぼんでしまう。きわめてわかりやすい構図だが、中国のデベロッパーは自国の不動産需要において「剛需」が長く続くとみていた。だから強気の開発計画を展開するだけではなく、まったく無関係の副業にも幅広く手を出した。経営の多角化を成功させるには本業と副業の補完関係が必要不可欠だが、多くのデベロッパーはそうしなかった。2021年にデフォルトに陥った恒大集団を例にとってみると、本業の不動産開発のほかに、電気自動車の開発、プロサッカーチームの買収、テーマパークの建設と運営、ミネラルウォーターの製造販売などを手広く手掛けてきた。2023年に創業者の許家印が警察に拘束されたあと、彼に纏《まつ》わるさまざまな悪事が明るみに出た。その1つが、土地の入札のために共産党幹部を接待する専用「会所」（プライベートクラブ）を作り、歌舞団を設立したというものだ。歌舞団をわかりやすくいえば、北朝鮮指導者の「喜び組」のような組織である。

　もう一例をあげよう。中国の不動産デベロッパーと共産党幹部の癒着を暴露するノンフィクション『私が陥った中国バブルの罠　レッド・ルーレット　中国の富・権力・腐敗・報復の内幕』（デズモンド・シャム著、神月謙一訳、草思社、２０２２年）のなかで、不動産開発に携わっていたシャム夫婦（当時）が、共産党幹部の関係者および２人の実業家の３組の夫婦を接待するため、４機のプライベートジェットを飛ばしてヨーロッパへ旅行に出かけたというエピソードが出てくる。出発間際になって、みんなで一緒にトランプで遊ぼうという話になり、４組の夫婦８人は同じ飛行機に乗り込んだ。あとの３機は乗務員以外、誰も乗っていなかったが、後をついていった。彼らはパリに着いて、シャンゼリゼ大通り近くのミシュラン星付きのレストランで食事をするが、ワインだけで10万ドル（当時のレートで約８５０万円）を超えたと本のなかで記されている。これらのお金はすべて不動産開発と不動産投資から得られた利益のはずである。

　不動産バリューチェーンのなかで、これらの勝ち組の贅沢三昧の生活を支えているのは結局のところ、マンションなどの不動産を高価格で購入している無数の個人である。経済学的な分析はあとの章で行うことにするが、この2つの事例からは、中国の不動産市場が明らかにバブルとなっており、持続不可能な状態となっていたことが明らかだ。このような理不尽なバブルがはじけないはずがない。

政府の救済はあるのか？

それではなぜ一定数の人には、中国の不動産バブルが崩壊していないように見えるのだろうか。

不動産バブルが崩壊したかどうかを判断する指標には、不動産価格の下落、デベロッパーの経営状況、個人による住宅ローンの延滞、銀行の不良債権問題などがある。

一般的に不動産バブルが崩壊すると、不動産価格はある程度下落するが、大暴落はしにくい。これは不動産価格の下方修正硬直性によるものといわれている。デベロッパーの経営悪化ないし大規模倒産が起き、景気が急減速するのを受けて、個人による住宅ローンが延滞され、銀行のバランスシートに巨額の不良債権が生まれ、金融システム不安が現実問題として浮上してくる。これが、不動産バブル崩壊が引き起こす債務連鎖である。この一連の動きのなかでもっとも重要なのは情報の伝達である。すなわち、デベロッパーの経営難が囁かれると、銀行の経営難も容易に想像される。金融不安が現実味を帯びてくると、マクロ経済はデフレに突入する可能性が高くなる。これはまさに30余年前に日本が経験したバブル崩壊のストーリーだった。

　中国の現状を見ると、デベロッパーが経営難に陥っているのは明らかだが、大規模な倒産には至っていない。だから、一部の人には不動産バブルが崩壊していないように見えるのだろう。気をつけるべきなのは、デベロッパーの多くが政府による救済を待っている最中だということだ。政府が救済に乗り出せば、倒産を免れる。逆に政府が救済しなければ、不動産デベロッパーと下請け企業などは連鎖倒産してしまい、中国経済は一気にクラッシュしてしまう。今はその瀬戸際に差し掛かっているところだ。

　2024年3月9日には、不動産政策を担う倪虹・住宅都市農村建設相が全人代に合わせて記者会見。債務超過が深刻な不動産企業について、「相応の対価を支払わせる」「破産すべきは破産」などと発言し、衝撃が広がった。

　一部の個人はすでに住宅ローンを予定通りに返済できなくなっている。中国にいる友人に確認してもらったところ、個人は家を売りに出したくても、地方政府が決めた価格より安い価格で売ることが認められていない。ガイドラインに沿った価格を設定して売りに出しても、ほとんど売れないといわれている。多くの個人にとって住宅ローンの返済が難しくなっても、家を売って損切りすることすらできない状況になっているのだ。若者の失業率の急上昇も、個人の住宅ローンの延滞の要因で、銀行に差し押さえされ競売に出されている物件が急増している。

デベロッパーの経営難により、現在開発中のマンションや商業ビルなどの物件が未完成のまま、ゴーストタウンになるケースが増えている。もっとも有名なのは深圳《シンセン》の新しいランドマークとなる中国一（世界二番目）の超高層ビル「深圳世茂深港国際センター」（１４０階建て、高さ７００メートル）だ。開発の途中で資金が枯渇し、現在未完成のまま売りに出されているが、買い手がつかない状況が続いている。他にも、マンションを買ったが、そのマンションが完成されずに放置されているケースも増えている。買い手にとってまさに悪夢となっている。

不動産バリューチェーンにあるすべての企業と個人はなすすべがなく、政府による救済に淡い希望を抱きながら、景気が上向くのを待っている。

一部の老人が年金難民に

　中国の不動産バブル崩壊は銀行に飛び火するだけでなく、地方政府および年金生活者にも深刻な悪影響を及ぼす恐れがある。この点は日本の不動産バブル崩壊と大きく異なるところである。日本のバブル崩壊は銀行に飛び火したが、預金保険制度を使って預金者を保護し、財源が足りない部分について政府が保証したため、傷がそれ以上に拡大しなかった。それでも、日本は失われた30年に突入した。いまだに日本経済は十分に回復していない。

　それに対して、中国の不動産バブルが崩壊して、もっとも焦るのは地方政府のはずである。これまで土地使用権を払い下げることで、多額の財源を手に入れていたからだ。その財源の一部は地方政府が管轄する年金などの社会保障基金に注入された。中国は日本以上に高齢化のスピードが速い。社会保障基金は全国一律のプールではなくて、各々の地方政府が管轄しており、それぞれ独立したプールになっている。保険料も徴収されてはいるが、必ずしも十分ではない。とくに経済発展が遅れている地方では、土地財政からの補填が必要不可欠である。不動産バブルが崩壊して、地方政府の財源が枯渇し、それによって一部の年金生活者は年金難民になる可能性がある。

政府による救済のプライオリティ

民主主義の国であれば、経済危機に対処する際、どういうプライオリティ（優先順位）で救済策を実施するかについて透明性を担保しないといけない。救済策を実施する際、まずは関連の法律に則って行う必要がある。そのなかで、弱者を救済しなければ、政治家は選挙に負けてしまう可能性がある。民主主義国における経済危機への対処は時間がかかるものの、必ず合法的に行われなければならない。

それに対して、中国は民主主義国ではなく、選挙も実施されていない。したがって、救済策の透明性がほとんど担保されていない。弱者が優先的に救済されることも期待できない。結論を先に言えば、中国で優先的に救済されるのは政府にもっとも近い企業や団体であろう。その次に、救済しなければ政府にとって大きなトラブルになると考えられる企業や個人が優先的に救済される。今や、不動産バブル崩壊によって途方に暮れている個人は無数にいる。多くの地方で「マイホーム難民」が発生し、地方政府に救済を求めているが、その地方政府はまったく対応してくれない。

3年前からデベロッパーのデフォルトは相次いでいるが、中国政府（中央政府）はどこまで救済するか迷っているはずである。救済しなければ、バブル崩壊の影響が一気に広がってしまい、深刻な社会不安を引き起こす恐れがある。しかしながら、救済しようとしても、すべてのデベロッパーを救済するほどの財源がない。中国政府が迷っているあいだにも、時間はどんどんロスされている。おそらくバブル崩壊への対処について考えなければならない変数は、一に責任、二に影響であろう。デフォルトを引き起こしたデベロッパーには、責任を問わなければ不公平になる。かと言って、全く救済せずにみてみぬふりすると、バブル崩壊の影響は広がってしまう。

筆者は講演などの場でよく、中国は日本のバブル崩壊の後処理について勉強していないのかと質問される。答えは簡単である。中国は勉強していると思われるが、日本のバブル崩壊よりも中国の状況のほうが遥かに複雑なのだ。だからこそ中国政府はどのように対処すればいいかを躊躇している。しかも、中国は民主主義国ではないため、政府は多くの利益集団とバーゲニング（交渉）しないといけない。たとえば、政府がデベロッパーの経営に不正があると察知していても、単純に法に基づいて対処できないケースが少なくない。大手デベロッパーの関係者は、共産党中枢と目に見えない複雑な人脈を持っていることが多い。ふいにデベロッパーを処罰すると、返り血を浴びることがあるのだ。反対にほかの政府機関から当該デベロッパーを救済するよう圧力をかけられることも考えられる。したがって、債務超過に陥ったデベロッパーを処分する際、資産査定よりも重要なのはその複雑な人脈を調べることだ。いきなりその経営責任者を拘束して裁判にかけた場合、政府にとって都合の悪いことを語られる心配がある。

また現在、大手デベロッパーが相次いでデフォルトを起こしているため、中国政府はそれらを包括的に処理する政策を模索する必要がある。すなわち、どのデベロッパーを救済するか、あるいは救済しないかを線引きする作業が重要になっている。しかし、李強国務院（政府）は２０２３年３月に始動したばかりで、政策の決定と実行について模索しているゆえにスピード感がない。

習近平「家は住むためのもの」発言が崩壊のきっかけに

２０２３年に入ってからの中国経済は、予想外に景気回復の力が弱く、L字型成長になっている。これまで多くの地方政府は、不動産バブルのさらなる膨張を警戒して需要を抑制する政策を講じてきたが、２０２３年からは需要抑制政策を撤廃ないし緩和する方向へ方針転換している。地方によって内容は異なるが、具体的に、①住宅購入制限の完全撤廃、②住宅購入制限の部分的緩和、③住宅ローン借入制限の完全撤廃、④住宅ローン借入制限の部分的緩和、⑤住宅価格制限の緩和などである。

そもそも中国は貯蓄率の高い国である。金融市場を管理する法制度が整備されておらず、安心して投資できる金融商品も少ないからだ。中国では金の現物を買って家においておく伝統があるが、その金を大量に買って貯め込むことは非現実的である。結局、富裕層の多くは不動産投資を選好することになる。2戸目、3戸目とマンションを購入して、値上がりするのを待ってから売るというもっとも古典的な投資を手掛けてきた。こうしたなかで不動産価格は急騰してバブルとなった。

ところが２０２１年、習近平主席が「家は住むためのものであり、投機の対象ではない」と呼び掛けたのをきっかけに不動産需要が抑制され、住宅購入制限や住宅ローン制限が導入された。そのうえ、3年間のコロナ禍により、不動産市場の過剰供給問題が浮上して、不動産バブルは崩壊してしまった。多くの地方政府は前述の①〜⑤のいずれかの緩和策を打ち出しているが、需要喚起の効果は期待されるほど表れていない。

リターンを求めて不動産に流れ込んだ資金

不動産バブルは先進国でも新興国でも起こりうるものだが、中国で不動産バブルが大き

図表2　中国の貯蓄率の推移（1952～2022年）

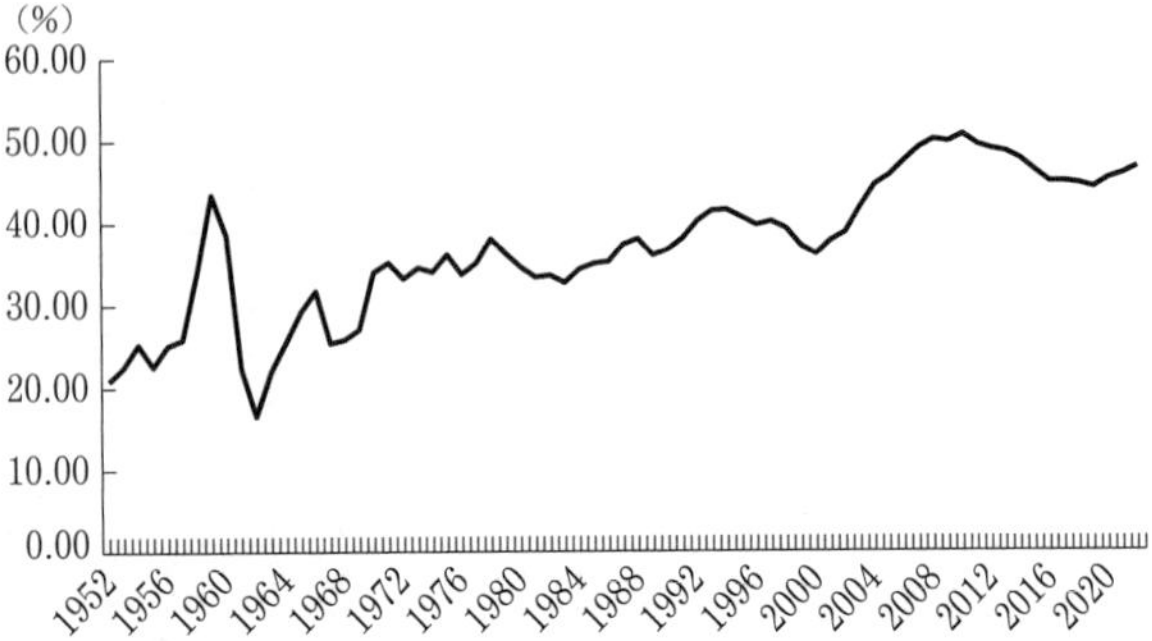

資料：CEIC

注：改革・開放は1978年に始動したが、それ以降も貯蓄率は徐々に上昇している。その背景にあるのは、経済は自由化しているが社会保障制度が整備されていないことで、一般家計は老後の生活を心配して貯蓄を増やしているのである。現状では、年金保険はある程度整備されているが、介護保険がまったく整備されていない。

く膨張するのは偶然性によるものなのか、必然性によるものなのか。中国の場合はどちらかといえば、必然的で避けられないものと思われる。これまで述べてきたように、中国政府は都市再開発に伴う不動産開発を経済成長のエンジンと位置づけている。また、土地の入札手続きについては透明性を欠いているため、値段が上がりやすい。中国の貯蓄率はＧＤＰの40％を超えているが（図表2参照）、その多くが不動産市場に流れている。

　理論的に考えれば、一国の貯蓄を投資主体の企業部門に効率よく仲介するのは金融市場と金融機関の役割である。

貯蓄が銀行を通じて企業部門に仲介されるのは間接金融と呼ばれている。それに対して、貯蓄が証券市場などを通じて企業部門に仲介されるのは直接金融と呼ばれている。

中国の金融仲介は国有銀行を軸に行われているが、国有銀行は効率も業績も悪いため、リターンを求める家計にとって銀行に預金することは魅力がない。結局、人々はより高いリターンを求めて金や不動産などの投資に走ったのである。コロナ禍前から世界の金価格が急上昇しているのは中国人の投資と無関係ではない。日本でも、10年前に比べれば、円建ての金価格は倍以上に上昇した計算になっている。

GDPの3割が崩壊し、中国経済は大失速

今後、不動産バブル崩壊の影響はどのように広がっていくだろうか。

あらためて不動産バブルの原因とプロセスをみてみよう。富裕層は投資目的で不動産を購入し、不動産バブルに拍車をかけた。だが、習主席の呼びかけと3年間のコロナ禍によって、不動産の需給バランスは大きく崩れてしまった。バブルが終息する条件は、供給が需要に見合うレベルにまで下がって需給がリバランスすることである。中国不動産市場の需給関係をみると、今のところ、サプライサイドの調整より需要の萎縮が速いため、リバ

ランスするのに予想以上に時間がかかると推測される。
不動産バブル崩壊がマクロ経済に与える影響としては、中国の経済成長率を一段と押し下げる恐れがある。中国の不動産業は、建設業のほか、広く捉えれば建材や家具などを含めて、ＧＤＰの３割を占めるといわれている。要するに、不動産バブルの崩壊は、経済成長を牽引するエンジンが弱まることを意味する。

また、不動産バブルの崩壊は間違いなく、市中銀行（そのほとんどは国有銀行だが）に飛び火する。デベロッパーはすでに債務返済を延滞している。マンションを購入した個人の一部も住宅ローンの返済を延滞している。結果的に市中銀行のバランスシートに巨額の不良債権が現れると予想される。

地方政府も影響を免れることはできない。中国の地方政府は地方債などを起債して、巨額の債務を抱えている。とくに地方政府は銀行から融資を受けやすいように、「融資平台」と呼ばれる投資会社をたくさん設立している。これらの投資会社は政府保証あるいはサポーティングレターを手に、国有銀行から巨額の融資を受けている。この融資を最終的に返済する義務があるのは間違いなく地方政府である。土地財政が崩壊していない局面においては、地方政府はなんとか切り盛りができていた。経済が順調に成長している局面においては、地方政府に対するガバナンスが機能せず、彼らは貴重な財源を好き勝手に無駄遣いしていた。中国の市役所や区役所はアメリカの議会議事堂と同じぐらい大規模なものが多い。これらの役所の建設費と修繕維持費はいずれも地方財政にとって重い負担になっている。土地財政が崩壊してしまえばあっという間に危機に陥る。

繰り返しになるが、中国の年金などの社会保障基金は各々の市政府が所管している。地方財政が破綻状態に陥れば、年金ファンドも資金が枯渇してしまう恐れがある。

こうして全体を俯瞰すると、中国政府は不動産バブル崩壊に迅速に対処しなければならないことが分かる。問題は、どのように対処するかである。このまま状況を放置すれば、不動産バブルの崩壊は不動産業に限らず、金融、行政、さらに共産党の統治体制を脅かす心配がある。

第2章　土地の公有制と戸籍管理制度

土地の公有制と経済自由化のジレンマ

そもそも中国は私有財産を否定する共産主義国家であるはずなのに、なぜ不動産バブルが起きたのか。その疑問に答えるために、中国における土地の公有制の歴史を振り返りたい。

中華人民共和国が建国されたのは１９４９年のこと。その５年後、中華人民共和国憲法が制定された。その第５条では、「（工場などの）生産資料（設備など）の所有制は国家所有制（全人民所有制）、合作社（協同組合）所有制（労働者集団所有制、個人労働者所有制と資本家所有制）」であるとされ、第６条では「鉱物資源、水質資源、国有林、未開墾の荒地およびその他の資源はすべて全人民所有とする」と記されている。

私有の土地を国有化するプロセスは、必ずしも憲法改正に従っておこなわれたわけではない。国共内戦の終息後、毛沢東率いる共産党政権は社会主義体制を実現するために、資本家などの私有財産を国有化（全人民所有）しなければならないと考えた。そのために、１９５４年、政務院（のちの国務院）は「公私合営暫定条例」を制定した。それによって、資本家所有の企業は国家（政府）と資本家の合同経営企業に改められたのである。しかし時間が経つにつれ、資本家は徐々に経営権を失ってしまった。企業の営業収益は株主の持ち株に応じて配当が支払われたが、１９５６年以降は配当が廃止され、持ち株の金額に応じて５％の利息が支払われるようになった。その利息の支払いも１９６６年９月、文化大革命の勃発とともに停止された。

憲法が制定される１９５０年代の半ばまで、中国共産党は私有財産あるいは資本家所有制を認めていた。その後、毛は社会主義体制の構築を急ぎ、資本家の私有財産を没収するため、公私合営を進めていった。都市部では全ての企業が国有企業と集団所有制企業に集約され、農村では人民公社が設立された。農民が所有していた牛や驢馬（ろば）なども人民公社の集団所有となった。中国の農民は名実ともに無一文の存在となった。

１９７８年、当時の最高実力者だった鄧小平は改革・開放を進めるにあたって、どのように経済自由化を進めればいいか真剣に悩んだといわれている。都市部についての焦点は、国営企業と集団所有制企業に自主経営権を付与するかどうかだった。農村では、農家を単位とする生産請負責任制を導入していいかどうか、激しい論争が起こった。自由化を認めれば、改革・開放が社会主義路線から逸脱してしまう恐れがある。自由化を認めなければ、経済がさらに低迷するのは目にみえていた。

結局のところ、リアリストの鄧小平は、工業についても農業についても部分的に自由化を認めた。鄧小平の言葉を引用すれば、「白猫だろうが、黒猫だろうが、ネズミを捕る猫がいい猫だ」ということだ。すなわち、「社会主義だろうが、資本主義だろうが、経済成長を実現できれば、それでいい」と置き換えることができる。のちに、鄧小平は「社会主義かどうかのイデオロギーの論争をするな」と周囲に指示したとされている。

仮に改革・開放初期において、鄧小平の経済自由化の決断がなかったら、後の都市再開発も簡単に進まなかっただろう。中国の政治指導者にとっての一つの難題は、いかにして土地の国有制を維持しながら、都市再開発を進めるかにある。

中国において、憲法上で土地の公有制がはじめて定められたのは、１９８２年に改正された憲法（俗に「82年憲法」と呼ばれている）でのことだった。その第10条では、「都市の土地は国家の所有に属す。農村と都市郊外の土地について、法律で国家所有と規定されているもの以外は、集団所有とする。国家は公共の利益の必要性に応じて、法律に基づいて土地を徴用することができる。いかなる組織あるいは個人も土地を違法に支配し、売買し、貸し出してはならない。いかなる組織および個人も土地を合理的に利用しなければならない」と明記されている。このなかで都市再開発、不動産開発の妨げになっていたのは「土地を違法に売買してはならない」という規定である。はっきり言えば、土地の売買を禁止するということである。

ネズミが捕れなくても赤い猫

改革・開放の初期、中国には資本家も地主もいなかった。30年近く続いた毛沢東時代では、共産党高級幹部以外、大半の中国人が貧しい生活を送っていた。長い間、中国共産党は人民に、「共産党がなければ、新中国もない」とのプロパガンダを吹き込んでいた。しかし、人民が望んでいた新中国は、みんなが豊かな生活を送れる中国だったはずだ。当時の最高実力者の鄧小平は、経済が発展しなければ人民の生活も豊かにならず、共産党の統治体制も危うくなると考えた。そうして経済の自由化に舵を切ったわけだが、鄧小平本人は社会主義路線を断念したわけではない。経済の自由化を進める目的は、あくまでも共産党指導体制を強化するためであった。この点は習近平主席の考えと相通じるところもあれば、相違する部分もあるが、詳細は後述することにする。

本書は中国の不動産バブルとバブル崩壊を考察することを目的にしているが、もっとも重要な問題は、共産党一党支配体制が存続できるかどうかということだ。すなわち、経済の自由化が共産党一党支配体制にとって、どのような結果をもたらすのかということである。現在の習近平主席は、自由化と共産党統治体制は明らかに両立しないとみているようである。これまでの40年間、歴代の共産党総書記は、経済の自由化を限定的に進めることはしても、資本主義の道を進めていいとは考えてこなかった。

経済の自由化は手段であり、目的ではない。とくに習近平政権になってから、イデオロギー的には完全に毛時代に逆戻りしているようにみえる。鄧小平はネズミを捕る猫はいい猫だと豪語したが、習近平主席は毛の影響を強く受けているからか、違う考えを持っているように思う。いい猫はネズミを捕る猫ではなくて、ネズミが捕れなくても赤い猫、すなわち共産党に誠実に従う猫であれば、それがいい猫だと考えているようだ。

大きな政府か、小さな政府か

不動産の話を進める前に、経済学のもっとも重要な命題の一つである「政府の役割と市場の役割」について考察しておきたい。１９８０年代、アメリカのレーガン大統領は小さな政府を実現しようと一連の経済政策を打ち出した。これらの政策はレーガノミクスと総括されている。このレーガノミクス以降、小さな政府と大きな政府のどちらがいいのかという論争が絶えない。だが、この論争をする前に、まずは政府の役割を明らかにしておいたほうがいいと思われる。

民主主義の市場経済国では、市場メカニズムによる資源配分がおこなわれ、もちろんそのなかで失敗が起こる。その失敗を補うのは政府の役割であると考えられている。市場メカニズムではできないことが、政府の仕事になるのだ。

逆に、市場ができなくて、政府にしか担えない仕事はどんな仕事だろうか。典型例は郵便や介護などの公共サービスである。長い間、郵便の業務は政府の仕事であるといわれていたが、この数十年で、多くの先進国で郵政事業の民営化が進められた。日本では小泉純一郎内閣のとき（２００１～06年）に、抵抗勢力の反対を押し切って、郵政民営化法案が可決された。

市場の役割と政府の役割は不変のものではない。時代の変遷とともに、市場の役割が広がり、政府の役割は徐々に縮小し、小さな政府が実現されている。理論的に市場メカニズムによる資源配分は政府よりも効率が良いといわれている。社会主義の計画経済では、すべての資源配分が政府によっておこなわれるため効率が悪く、最終的に失敗するのだ。社会主義計画経済が持続不可能であることは、旧ソ連と毛沢東時代の中国ですでに実証されている。

年々増え続ける公務員

　では、なぜ多くの国で小さな政府はなかなか実現しないのだろうか。

　小さな政府に対する批判で多いのは、市場メカニズムによる資源配分によって所得格差が拡大しがちであるというものだ。民主主義の国であれば、大きな政府によって低所得層は手厚い保障を受けることができる。郵政事業のような公共事業を民営化すると、ますます非効率になるのではないかと批判する声もある。人々が目に見えるメリットを感じられなければ、大きな政府から小さな政府への転換は容易ではない。

　では、中国の状況はどのようになっているのか。

　中国は社会主義体制を続けているので、大きな政府か小さな政府かとの論争が起きにくいが、改革・開放以降の40余年間を振り返るだけでも、公務員の人数は年々増え、政府の規模が拡大する一方である。

　ＭＩＴ（米マサチューセッツ工科大学）の黄亜生教授（専門は政治学、歴史学）は、代表作の一つである『The Rise and Fall of the EAST』（Yale University Press, 2023）のなかで、以下のような指摘をしている。唐王朝の時代、役人の人数は総人口の０・02％だったが、南宋（１１２７〜１２７９年）になると0・06%に増加した。明王朝ではさらに、０・18%に拡大した。１９８２年の改革・開放初期のころの同比率は０・08%と宋王朝に近い水準だが、中国は公務員の定義が狭いため、昔と今を単純に比較するのは読者をミスリードする恐れがある。そのため、公務員の人数ではなく、共産党員の人数をみたほうがいいと黄は指摘している。２０２２年末時点で、共産党員の人数は９８０４万人に上り、総人口の６・９%に達している。ここから、中国は大きな政府であるといえる。とくに近年の中国では、（外国による侵略を防ぐための）軍事費よりも、（国内の）社会治安維持費のほうが大きくなっているといわれている。幸いなことに、中国経済は3年間のコロナ禍にもかかわらず5%前後の成長を続けているが、今後経済成長が急減速することがあれば、軍事費も社会治安維持費も負担できなくなる恐れがある。

　こうしたなか中国の民営企業は、道路の隙間から伸びるど根性の雑草のように成長している。中国共産党は一貫して、国有企業が担えるビジネスは民営企業に開放しない方針をとっている。アリババやテンセントといった民営のテック企業は、その隙をついた。国有企業が手掛けていない隙間産業に参入し、目覚ましい発展を成し遂げたのだ。実は、不動産開発も、国有建設会社が限定的にしか手掛けないビジネスだった。１９９０年代、恒大集団を含めた多くの民営デベロッパーが創業され、不動産開発に参入した。これらの民営デベロッパーは間違いなく都市再開発に大きく貢献したが、中国における市場はあくまでも政府の役割を補完する脇役であり、主役にはなれない。この点は民主主義市場経済国と正反対である。

都市化ボーナスは不発に終わった

ここからは、中国の都市化がどのように進められてきたのかを振り返ろう。

習近平政権が正式に誕生した2013年当時、統計上、中国の都市部人口は7億3000万人であり、農村部人口は6億3000万人だった（図表3参照）。それから10年経った2022年、都市部人口は9億2000万人に増加し、農村部人口は4億9000万人とはじめて5億人を下回った。

習政権が誕生した当初から、生産年齢人口の減少はすでに見えていた。長年、中国経済を牽引してきた人口ボーナスが、少子高齢化により徐々にオーナス（負担）になることがわかっていたからだ。習政権の1期目（2013～18年）で、李克強首相（当時）は都市化を進め、都市化ボーナスによって経済成長を図ると明言していた。

図表3　中国都市部人口と農村部人口の推移

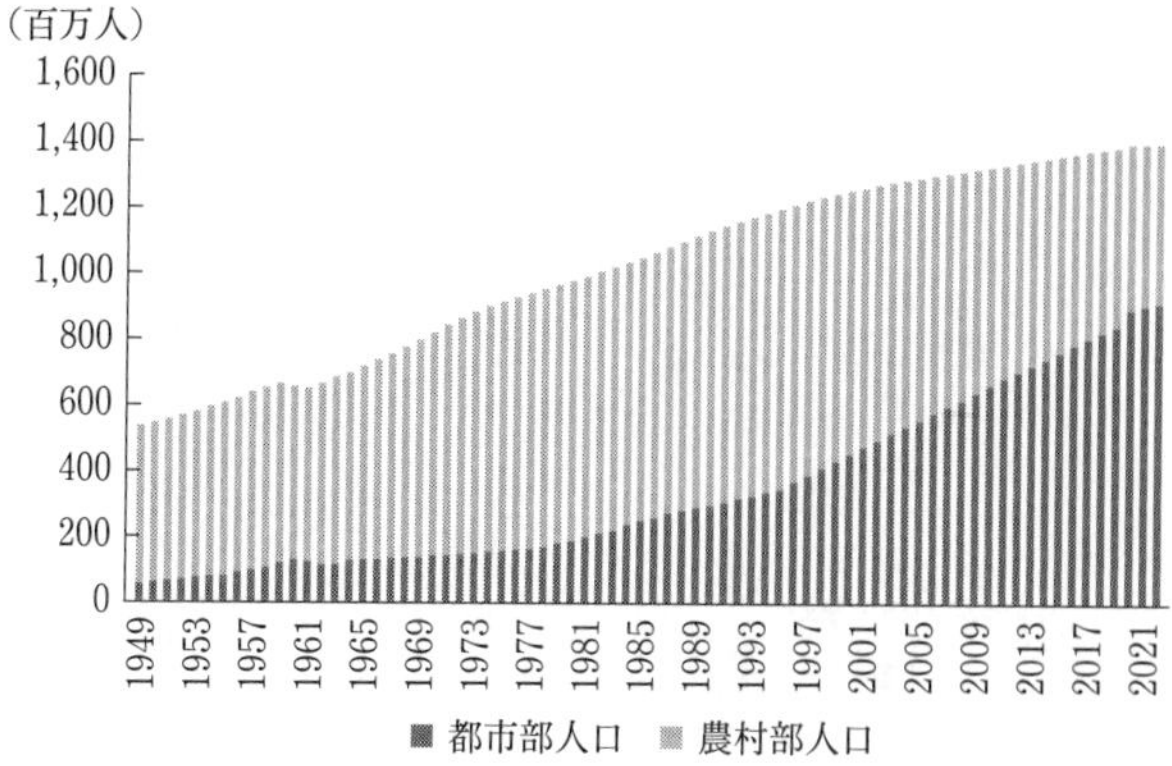

資料：CEIC

経済学的に考えれば、農業の生産性に比べて、工業およびサービス業の生産性は高いため、農業人口を減らし、工業とサービス業に従事する都市人口を増やせば、マクロ経済全体の効率がよくなる。つまり、都市化を進めれば、それによって経済はさらに成長するとされている。産業間の労働力の移動、すなわち都市化を進めようとする考えそのものは間違っていないが、中国の現実を見ると産業構造の高度化が遅れているため、都市化ボーナスを十分に享受できないでいる。

中国において、農村から都市部への出稼ぎは1980年代にすでに始まっていた。問題は低付加価値の製造業から中付加価値、さらに高付加価値の製造業への高度化が遅れたため、習政権が誕生した２０１３年以降、産業間の労働力の移動によるマクロ経済の効率化が期待されているほど実現されなかったことである。ここからサプライチェーンの中国離れが進めば、中国経済の労働生産性の改善をさらに妨げる可能性がある。

図表3に示した都市人口の増加は、戸籍管理上のデータである。一部の農家は戸籍（日本の住民票）を都市部に移転する前から都市部で出稼ぎをおこなっていたため、統計上で都市の人口が増えても、経済はさほど成長しないという「怪現象」がみられた。李克強前首相が期待していた都市化ボーナスは不発に終わったのだ。

習政権が進める都市化の内実についてみてみよう。中国では、北京や上海などの最大都市は一般的に「一線都市」（一級都市）と呼ばれている。それより少し規模が小さい都市は「二線都市」（二級都市）、その下は「三線都市」（三級都市）と分けられる。国家統計局の定義によると、「一線都市」は北京、上海、広州と深圳の4都市である。「二線都市」は天津、大連、長春、南京などの省都で計31都市がある。さらに、無錫、洛陽、温州など中規模の35都市は三線都市となる。これら70都市は統計局が不動産価格をモニタリングする基準地点になっている。三線都市よりも規模が小さい四線都市は、かつての県や鎮といった小都市であり、全国で数百を数える。

習政権が進める都市化は主に人口３００万人未満の小規模「四線都市」への農家の移住である。しかし、中国の小規模都市は往々にして産業基盤が弱く、農家が移住しても仕事が見つからないことが多い。農家では食糧の自給自足が可能だが、都市部に移住して仕事がなければ、生活は困窮してしまう。都市化を進めるには、単純に農家を都市部へ移住させるだけではなく、職業の斡旋と職業訓練の強化などの行政サービスの充実が不可欠だが、地方政府はそれに十分に応えられていない。一方、農家は都市部に移住しても、社会保障基金への積み立てが不十分であるため、年金や健康保険などの社会保障基金が逼迫することになる。この10年間を振り返ると、中国の経済成長に都市化ボーナスはさほど貢献しなかったことがわかる。

社会を分断する戸籍管理制度

中国の都市化を考えるためには、戸籍管理制度にも触れておく必要がある。

中国で全国的に統一した戸籍管理制度が導入されたのは、中華人民共和国が成立した９年後の、１９５８年のことだった。同年１月「戸口登記管理条例」が制定された。スターリン主義の監視社会のスタートは、まさにこの戸籍管理制度の導入だったといえる。日本では住民票による戸籍管理が行われているが、それは住民を監視するためのシステムではない。一方の中国の戸籍管理制度は、社会を二分してしまうほどの強い力を持っていた。その1つは、農村戸籍の住民が戸籍を都市部へ自由に移転することができないということ。さらに、都市と都市の間の戸籍の移転も原則として禁止されていた。たとえば、天津市の戸籍を持つ住民が、何らかの都合により北京や上海に戸籍を移転しようとしても認められなかったのだ。１９７８年の改革・開放まで、各々の市政府の戸籍管理は「総量規制」のようなやり方で住民を管理した。天津市の住民の1人が上海市に移転する場合、上海市の住民が天津市に移転しなければならない、いわゆる戸籍交換が原則だった。まるで人質交換のようなものだ。当時、すべての都市で住宅事情が逼迫していたため、ある一定以上の住民を受け入れることができないのが実状だった。

犠牲となった農民たち

開発経済学の観点からみれば、戸籍管理制度の導入には別の目的もあったといえる。当時、毛沢東は一国の経済力の象徴が工業生産高であると信奉していた。とくに、鉄鋼などの重厚長大な産業の発展は、経済発展を表す重要な指標であると思われていた。英米などの先進国に追いつき追い越すため、毛沢東が考えたのは、農業を以て工業の発展を支援することだった。つまり農民を農村に固定させ、相対的に生活レベルの高い都市部へ出てこられないように戸籍管理制度を導入したのだ。毛は工業を発展させるために、農民を搾取した。たとえば、穀物などの農産物の買い付け価格を低く抑え、それを以て都市部で工業に従事する住民の生活を保障する。結果的に農民の生活レベルは下がり、想像以上の苦しみを生むことになった。生活に困った農民が都市部に仕事を求めようとしても、戸籍管理制度のために農民は都市部に移動できない。

毛の最大の過ちは、工業のキャッチアップを急ぐあまり、農業生産を粗末にしたことだ。とくに1958年、毛は鉄鋼生産量を増やすため、「大躍進」運動という史上最大の茶番劇をプロデュースした。全国民は家にある鉄製の道具などを持ち寄り、それを溶かして、鉄鋼生産量としてカウントした。農家も農作業を止めて、鉄鋼生産に従事した。毛がプロデュースした「大躍進」はすぐさま大惨事をもたらした。その後の3年間、農産物は不作になり、数千万人が餓死したのだ。政府共産党はこの史実を隠蔽するために、大飢饉の原因を「自然災害」だとした。しかし、当時の気象記録を調べた歴史家によると、大規模な洪水や干ばつが起きた記録は見つかっていない。この大飢饉は天災ではなくて、毛沢東による人災だった。
問題は毛沢東の悪政の責任が、その後も徹底的に追及されなかったことである。３年間の大飢饉の責任を免れるために、毛沢東は１９６６年から文化大革命を発動した。経済は破綻状態にあり、都市部に住む大量の若者は就職先がなく、途方に暮れていた。このまま行ったら、毛に対する批判が噴出しかねない。そこで毛は若者に「造反有理」を呼び掛け、学校の先生などの知識人を迫害するように煽ったのだ。無知な若者たちは知識人を手あたり次第に迫害し、学校の校長や先生などが多数殺害された。文革が終わったあとでも、犯人たちの罪は追及されていない。

経済建設は日に日に停滞し、人々の生活もますます困窮していった。毛は１９７６年に死去した。１９７８年に改革・開放へ舵を切られるまでの30年近く、住宅の建設はほとんど行われなかった。とくに都市部の住民の住宅事情は想像を絶するほど悪化していた。上海のような商業都市でも、１人当たりの平均居住面積は３㎡程度だったといわれている。中国人は少しでも広い家に住みたいと夢見た。その反動から今、中国で不動産神話が沸き起こったのだ。これから求められるのは不動産開発の加速ではなく、住居の格差を平準化させ、持続可能な生活様式を実現することである。

住宅が公共財から商品へと変化した

住宅は公共財か、商品か。中国では長年、この問いに対する答えを誰も出せなかった。

改革・開放前の毛時代の中国では、住宅は商品ではなかった。土地は国が所有するもので、いかなる個人と企業もそれを開発して売買することが禁止されていた。住宅は国営企業などが福利厚生の一環として、労働者（従業員）に分配することになっていた。しかも当時は、鉄鋼生産などの重厚長大産業の発展が国策だったため、新規の住宅がほとんど建設されなかった。毛は英米に追いつくために、人口を増やす必要があると考え、１９５０年代には出産を奨励した。その結果、中国でベビーブームが起きて人口が増えたが、住宅などの都市インフラの整備が遅れたため、住宅不足が急速に深刻化した。

図表４に示したのは、中国都市部と農村部の１人当たり居住面積（共有部分含む）の推移である。ここに示されているのは専有面積ではないことに留意されたい。グラフをみると、改革・開放までは、都市部の住宅事情がほとんど整備されていなかったことがわかる。改革・開放後は住宅開発が進み、２０２０年には都市部の１人当たり居住専有面積が36・52㎡となった。昔と比べると、中国人の住居は大幅に改善されている。

図表4　中国都市部と農村部の1人当たり居住面積（共有部分含む）

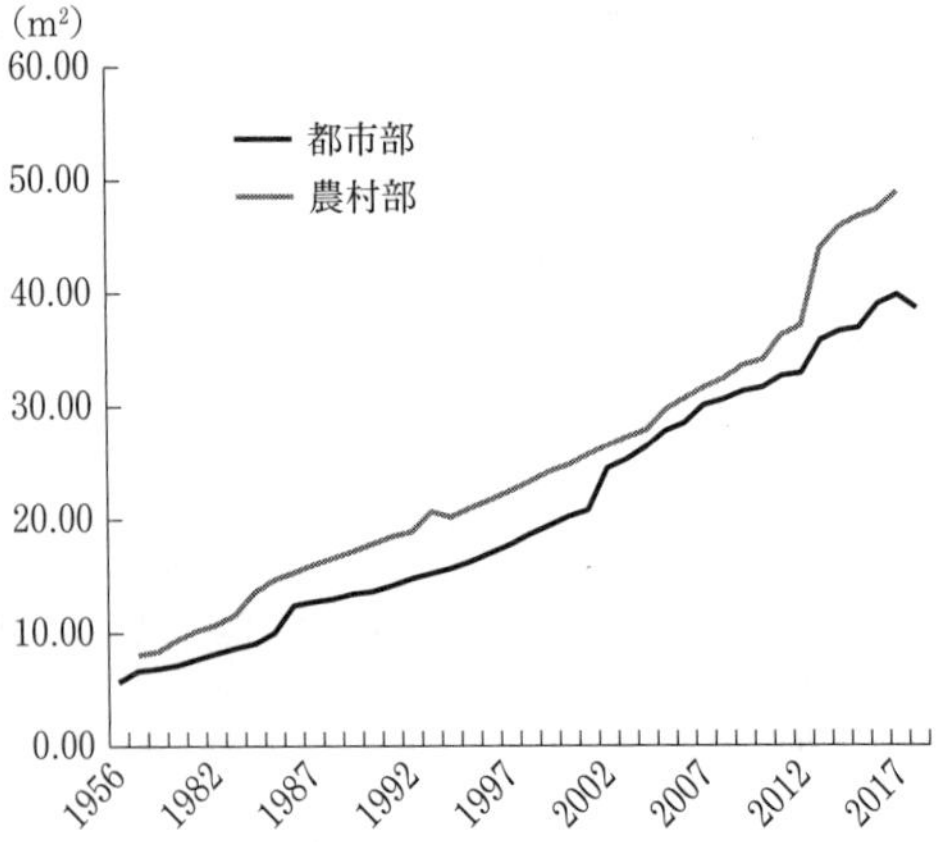

資料：CEIC

住宅開発が急速に進んだのは、住宅が福利厚生の公共財でなくなり、商品化したからである。デベロッパーが住宅を開発して商品として売り出し、売り上げをもってさらに新しい住宅を開発するという循環は、不動産ブームを作り上げた。そのうえに、投資や投機が積み重なって不動産バブルが起きた。

マイホームはステータスシンボル

こうして不動産ブームは不動産バブルへと変化した。バブルに拍車をかけたのは、若者を中心に形成された「マイホームを持つことはステータスシンボルになる」という価値観である。中国ではお見合いをする前に、女性側は必ず男性側にマイホームを持っているかどうかを確認する。逆に男性側はマイホームを持っている場合、それをセールスポイントとして女性に強調する。たとえば、多少は年を取っているが、マイホームを持っていると自己アピールするのだ。中国の新聞には結婚相手募集広告が掲載されているが、女性が載せる広告には必ずといっていいほど、相手に求める条件として、「有房有車」（マイホームと車がある）と書かれている。マイホームと車を持っていない人は応募しないでという意味である。若い男性にとっては、かなり過酷な条件である。

したがって、バブルで不動産が値上がりしても、人々は経済的に無理をしてでも購入しようとする。住居としての実需に、不動産投資も加わり、需要が大きく膨らんでいったのだ。中国は格差の大きい社会で、しかも貯蓄率が高い。富裕層は資産運用のリターンを求めて不動産に投資をするので、マイホーム以外に投資の物件を複数持っていることが多い。住宅を資源と見なして、それを平準化していけば、バブルは起きにくいし社会も安定すると思われる。しかし中国では、固定資産税はいまだに導入されていない。不動産所有のコストがあまりにも安いため、金持ちはより多くの不動産を所有することになるのだ。

コラム①「小崗村事件」の意義

毛時代の末期、中国経済は実質的に破綻状態にあった。都市部でも、食料品や日用品がいずれも配給制になっていた。農村の人々もカロリー不足で飢えに喘いでいた。1976年、毛は病死した。その1か月後、鄧小平や葉剣英などの長老はクーデターを起こし、毛の妻であった江青女史をはじめとする四人組を拘束、追放した。それから2年経って、経済の自由化の気運が高まった。

こうしたなかで、上海市や江蘇省の先進地域に隣接しながら、経済発展が大幅に遅れていた安徽省である革命が起きた。安徽省のなかでも貧しかった鳳陽県小崗村の18人の農民が、ある密約を交わしたのだった。彼らは密かに集団所有の農地を戸別請負責任制にして、各々の農家が自由に農作物を作れるようにした。農民たちは紙煙草の包装紙の裏面にその密約を記した。「我々のうち、だれかが投獄され死刑になった場合、その子供をみんなで養う」と約束し、名前のところに拇印を押した。

結果的に戸別請負責任制は成功し、小崗村の人々は飢えから解放された。18人の農民は、誰も責任を追及されることがなかった。これはのちに全国的に広められた「生産請負責任」の原型となった。

小崗村事件のもう一つの意義は集団所有制を実質的に打破し、農家の自由を政府に認めさせたことである。この事件は農業改革のスタートとなった。

第3章　地方政府と都市再開発

転機となった「天安門事件」と「WTO加盟」

この章では地方政府がどのように都市化と都市再開発を進めたか、地上げのプロセスも解説しつつ具体的にみていきたい。

まずは都市化が進められた40余年間の改革・開放の歴史を、いくつかの重要な節目に注目しつつ振り返っていこう。改革・開放が始まったのは１９７８年のことだった。鄧小平を中心とする長老たちは自らが受けた迫害経験をもとに、政治指導者への個人崇拝に終止符を打ち、経済を成長させる改革・開放へ舵を切ろうとしたのだ。一方、改革・開放の目的はあくまでも共産党指導体制の維持だということが大前提とされ、公有制の維持が一つの柱になった。この点は今も崩れていない。

重要な節目の1つは「天安門事件」だ。１９８９年6月4日、人民解放軍は鄧小平の命令により、北京の天安門広場に集まった民主化を要求する学生と市民に対して発砲。当時の中国で高まりつつあった民主化要求運動を鎮圧した。天安門事件をきっかけに、先進国などが中心となって、中国に厳しい経済制裁が行われた。前掲の図表1（25頁）で確認できるが、１９８９年と90年、中国の経済成長率は大きく落ち込んでいる。そのままいけば、改革・開放の芽は萎んでしまう恐れがあった。リアリストの鄧小平は民主化には反対したが、同時に、鎖国政策も避けたいと思っていた。１９９２年初頭、高齢の鄧小平は香港に近い深圳に行って改革・開放の加速を呼び掛けた。民主化はおこなわないまま、なんとか経済の活性化を図ろうと考えたのだった。

　この呼びかけをきっかけに経済統制がいくらか緩められたため、中国経済は一気に活性化した。中国経済がキャッチアップに成功したのは、参入してきた外資の役割が大きかった。それまでの中国には豊富な労働力があるものの、それを生かす産業が弱小だった。国内労働力を外資と組み合わせることで、大量の安い製品と商品を生産して海外に輸出し、外貨を稼ぐことができるようになったのだ。このビジネスモデルは中国経済の神話を現実のものにした。１９９０年代に入ると民営企業が徐々に台頭し、これらの民営企業も中国経済を牽引することになった。

　２００１年、中国は念願のＷＴＯ加盟を果たした。このＷＴＯ加盟こそ、中国経済を高度成長期に導く重要な節目だった。加盟の際に朱鎔基首相（当時）が、金融市場を含む中国市場を全面的に開放すると約束したからだ。それをきっかけに、外国企業は中国に大挙して進出するようになった。それまで中国に直接投資した外国企業の多くは製造業で、中国の廉価な労働力を利用して作った製品を輸出することが狙いだった。それが中国のＷＴ

Ｏ加盟以降、外国の流通業を含むサービス企業も相次いで中国に進出した。ただし、中国政府は約束通りに市場を完全に開放することはしなかったので、２０１８年に米トランプ政権によって経済制裁を受けることになった。

中国の都市再開発に腐敗はつきもの

１９９０年代に民営企業が徐々に台頭したが、そのなかに不動産デベロッパーも含まれていた。これらの企業が躍進的な成長を果たしたのは２０００年代に入ってからのことで、その背景にはやはり中国のＷＴＯ加盟がある。

２００３年、江沢民主席と朱鎔基首相が退任。新たに胡錦濤主席と温家宝首相が就任した。そのころ、中国の不動産市場はすでに過熱気味になっていた。温家宝首相は不動産ブームの過熱を警戒しながらも、経済成長を牽引する不動産業の役割に強い期待を寄せていた。胡錦濤政権において中国政府は毎年８％成長を目標として掲げていたため、それを実現するには、不動産開発は都合のよいエンジンだった。

ここで温家宝首相はある重要な決定を下した。

中国では、社会保障基金は全国一律のプールになっておらず、各々の市政府は独立した基金を管理している。上海や深圳など経済発展の速い地域では社会保障基金の財源は潤沢であるが、内陸を中心に経済成長が遅れている地域の財源は不足しがちである。とくに内陸の若者は沿海部の大都市で出稼ぎしているため、年金保険料をきちんと収めていないことがある。それに高齢化も進んでいる。そこで温家宝首相は、地方（市）政府の財源を安定化させるため、土地使用権（定期借地権）払い下げの売り上げを各々の市政府に帰属させた。この決定は地方政府にとって、不動産開発・都市再開発を進める強いインセンティブとなった。それと同時に、不動産バブルをもたらす一因も生まれたのである。

中国の地方政府行政は日本とまったく違うやり方で運営されている。日本では地方の首長は選挙で選ばれ、中央政府（首相官邸）から指図を受けない。ときには中央政府に逆らう政策を取ることもある。地方の首長は選挙民の要望に応えることを優先しないと、次の選挙で落選してしまう恐れがあるからだ。例えば、沖縄県知事は往々にして中央政府と対立して、米軍基地の県外への移設を求めている。このようなことは中国では絶対に起こりえない。

中国では、地方政府の首長（省長、市長、県長など）のいずれもが、共産党中央のトップダウンによって任命されている。表向きは地方の人民代表大会で選ばれることになっているが、それは単なる形式に過ぎない。地方首長を選ぶ「選挙」は「等額選挙」と呼ばれるもので、対立候補のない「選挙」だからである。したがって、省長（知事）や市長などは市民の要望よりも、中央政府の指示に忠実に従わないといけない。

民主主義の選挙が行われていない弊害として、中国の首長たちは市民の監督・ガバナンスを受けないことが指摘される。国の規模が大きいため、中央政府の監督も行き届くはずがない。ちなみに、中国には31省、661都市が存在する。それぞれの省に省長と副省長（複数）、市に市長と副市長（複数）がいるので、中央政府による監督はそもそも不可能である。

土地使用権払い下げの売上を地方政府に帰属させたことで、不動産開発関連で数々の不正が横行することになった。腐敗が発覚するきっかけは、同じ省政府あるいは市政府の内紛によることが多い。例えば、高架道路を建設する際、誰を責任者に任命するかを巡ってもめることが多い。市長は自分の腹心を責任者に任命し、その責任者は建設会社を選定する。責任者は建設会社からたくさんの賄賂をもらうが、いつも悩むのは市長と副市長（複数）の間でいかに賄賂を「配分」するかである。市長が副市長より多くの賄賂をもらうなどした場合、副市長によって告発されてしまう。むろん、副市長も賄賂をもらっているので、結果的に共倒れになってしまうのだが。

中国の古典に「貧しきを患《うれ》えず、均《ひと》しからずを患える」との教えがある。賄賂を均しく配分できなければ、それが発覚してしまうということだ。中国で都市再開発に腐敗はつきものである。都市再開発が本格化してから、不動産開発関連でどれくらいの幹部が腐敗によって追放されたかについては正確な統計がないが、何千何万といった規模ではないはずだ。習近平政権になってからだけでも数百万人の腐敗幹部が追放された。そのほとんどは不動産腐敗と切っても切れない関係にある。

土地使用権の入札は透明性が担保されていないため、どの業者が落札できるかは行政の責任者との「関係」によって決まるケースがほとんどである。また、地方政府は土地使用権の払い下げで巨額の財源を得ているが、ガバナンスが機能していないので、その使途については無駄が多い。地方政府にとって土地財政で得られた財源はフリーランチ（労せずしてありつける利益）そのものだった。

地方政府とデベロッパーが結託して地上げ

中国の不動産価格はなぜこんなに高くなったのか、と不動産デベロッパーにインタビュ

図表5　不動産開発における地方政府の役割

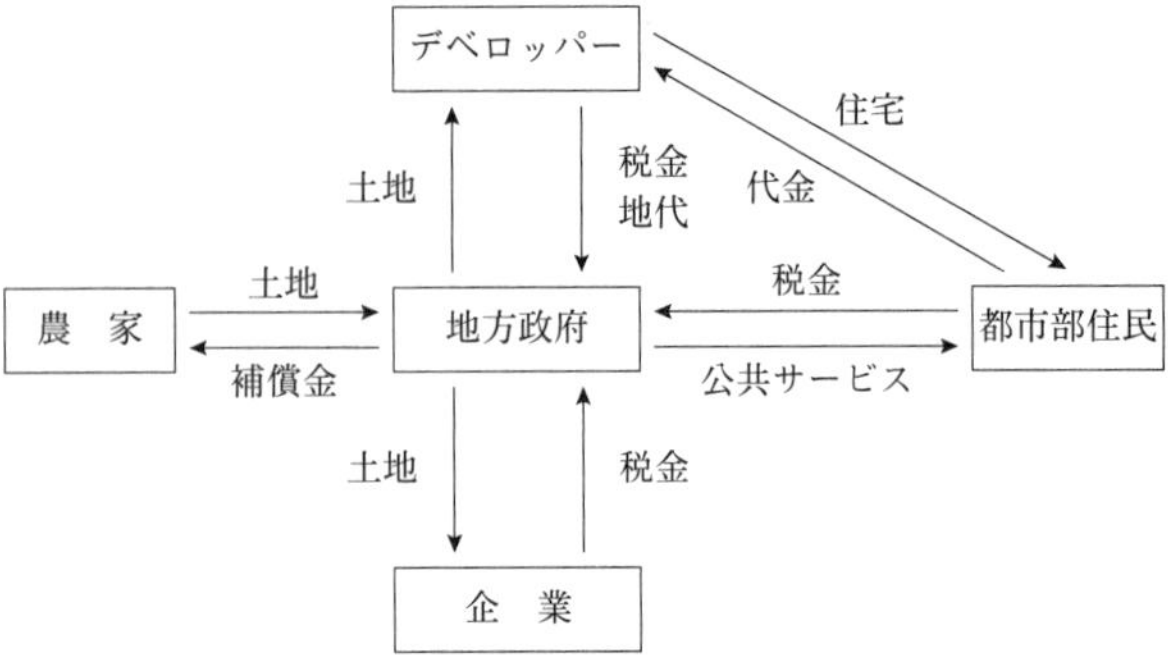

資料：方正証券 https://finance.sina.cn/zl/2016-08-24/zl-ifxvcsrm2353099.d.html

ーすると、彼らは一様に土地が高いからと答える。なぜ土地が高いのかと聞くと、地方政府が地上げをしているからという。地方政府は毎年払い下げる土地の量（面積）を、意図的に調整しているようだ。土地の供給量が少なければ、地代は自ずと高くなる。デベロッパーは土地を入札するとき、地方政府の要求に応えて高めの価格を提示せざるを得ない。図表5に示したのは不動産開発における地方政府の役割だ。

経済学的な考え方では、ものの価格は原価と合理的な利益によって決まるとされている。デベロッパーが落札した土地の価格が高ければ、それをマンションなどの物件の価格に転嫁するしかないため、土地価格の上昇によって不動産価格も一段と上昇する。

だが、そもそも土地使用権の払い下げにおいて、地代の合理性は担保されていない。地方政府は土地の供給量を意図的に調整することで地上げを図るため、デベロッパーは地代を抑えることで利益を最大化することができない。しかも、地方政府の幹部・担当者に賄賂を払う必要があるため、地代に加えて原価がさらに積み上がりやすい。結局のところ、デベロッパーにとって利益を最大化するための手法は、完成した物件を値上げすることと工事材料費を抑えることである。前者については不動産価格が市場競争に晒されているため、好きなように値上げすることができない。結果的に工事材料費を抑えるしかないのだが、必要以上に工事材料費を抑えると手抜き工事になる。実際、品質に問題が多い物件は多数販売されている。

経済が順調に成長している局面では、地代が高くても、マンションなどの物件が売れれば、不動産バブルの問題は浮上してこない。現に中国の有識者や専門家の多くは、中国が人口大国で土地の供給が不足しているため、不動産価格が下がることはないと断言していた。この強気な展望こそが、不動産バブルの形成を助長したのだった。

定期借地権という時限爆弾

前述したように、地方政府が払い下げている土地使用権、すなわち定期借地権は宅地70年、商業用地50年と設定されている。分かりやすくいえば、中国の個人が購入する不動産（土地＋家屋）のうち、土地は70年未満の定期借地権である。なぜ70年「未満」なのかというと、宅地の定期借地権と設定されている70年には、デベロッパーが不動産開発に要する年数も含まれているからである。たとえば、デベロッパーが土地を落札してから、開発するのに5年かかったとすれば、個人が家を買ったときの土地の定期借地の残存期間は65年しかないという計算になる。これの何が問題なのか。例えば、ある個人が定期借地残存期間が65年しかない家を買って、20年住んだあとに売りに出すと、その家の定期借地残存期間は45年しか残っていないことになる。となると、理論的には定期借地残存期間の短い家の価格は、経過年数を考慮して割り引く必要がある。

しかし、実際に中国人の不動産売買をみてみると、彼らは定期借地残存期間を気にしているように思えない。数十年先のことまで気にしていられないという現実もあるが、定期借地契約が満期になっても強制的に退去させられることはないと、ほとんどの人は考えているのだ。中国は、みんなで渡れば怖くないという考えが根強い。仮に強制的に退去させられることになっても、自分だけではなくて、ほとんどの人が同じ境遇にあるため、なんとかなると思われている。

一つの可能性としては、将来的に定期借地権を再契約し、期間を延ばすことも考えられる。しかし、そうなると、膨大かつ難しい作業が求められる。日本では毎年、固定資産税を算出する基準となる土地の路線価が発表され、それをもとに土地の価格が算定される。それに対して中国では、土地の路線価の概念すらない。将来、定期借地権再契約を行う際の地代の算定は難航すると予想できる。定期借地権契約のなかでの地代がどれぐらいかについては、住民に告知されていないケースも多い。

中国では公有制を、全人民所有制と言い換えることが多い。国家が人民に土地を管理してもらっているという関係で、人民が自分の土地を有償で購入しないといけないのは理屈に合わない。人民が有償で買うのは建物であり、土地ではないはずだ。土地はそもそも人民自身のものである。むろん、実際にはこのようなロジックは通用しない。この議論を深めていけば、社会主義体制そのものがひっくり返されることになるからだ。社会主義・共産主義は制度的に矛盾だらけのものである。現実を見れば、中国のシステムは社会主義体制を冠した共産党指導者を中心とする特権社会である。

このように、不動産バブルは単なる経済問題に留まらず、中国の土地制度と政治システムにかかわる深刻な問題である。日米など民主主義の国でも、不動産バブルの崩壊によって経済危機は発生するが、それはあくまで経済問題であり、市場メカニズムの枠組みで後処理をしていけば解決される。しかし、中国のような社会主義特権社会では、不動産バブルの崩壊は社会システムを揺るがす一大事になりうる。

個人の住居を強制的に撤去

中国は社会主義体制といわれているが、この体制の最大の問題は、人権が恣意的に侵害されることである。その典型例は私有財産に対する侵害だ。２００７年に制定・施行された「物権法」の第４条は、「国家、集団、個人（私人）の物権は法律によって保護される。いかなる組織および個人でもそれを侵害してはならない」と規定している。

だが、共産党は法を凌駕しているため、法律が守られないことは日常茶飯事である。「物権法」で定められている私有財産の保護について、どれほどの効力が発揮されているかは定かではない。少なくとも、中国のマスコミおよびインターネットやＳＮＳの情報をみるかぎり、個人の住居が強制的に撤去される案件が多数報告されている。それらを整理すると、概ね2種類のパターンがある。1つは、道路などのインフラを整備する計画において、予定されている土地の上に個人の住宅があり、撤去をめぐる条件が住民と開発業者との間で折り合わず、開発業者が住民の家屋を強制的に取り壊してしまうケースだ。もう1つは、不動産開発を展開する計画区域にある家屋について、住民に十分な賠償金を払わずに、既存の家屋を強制的に撤去するケースである。現行の物権法に則れば、いずれのケースも法律に違反する可能性が高いが、住民側としてはなすすべがないのが中国社会の現実である。開発業者は政府や公安警察と結託して、賄賂も払っている可能性が高いため、住民の言い分は聞き入れられないことが多い。絶望した住民が焼身自殺で抗議の意を示す悲しい事件も多数起きている。

日本では個人の財産は、いかなる法人でも個人でも、たとえ国家権力でもそれを侵害してはならない。過去には成田空港の開発において、民有地取得と騒音問題などを巡って抗議運動が起こり、社会問題化した。それに対して中国では、個人の私有財産が侵害されても、政府は開発業者側に立つことが多い。都市再開発事業では、政府が外注した請負業者が、住民の反対運動に対処するためにマフィアを動員することもある。

都市開発が文化と文明を破壊した

目覚ましい都市開発の裏で、犠牲となったのは一般の市民たちだった。

2000年代以降、出張や旅行などで中国を訪問して帰ってきた人が口をそろえていうのは、中国の都市再開発のあり得ないスピードだった。諸外国における都市再開発は、歴史と文化が凝縮されている旧市街を残しつつ、新しい街を作るのが基本である。しかし中国では、旧市街を完全に取り壊し、新しい街を作るのが一般的だ。旧市街に住む住民は強制的に退去させられ、あっという間にニュータウンが誕生する。この「中国的スピード」は世界に賞賛されていた。工事現場で働くのは出稼ぎ労働者がほとんどであり、長時間労働のうえに人件費も安い。ちなみに、歴史学者である清華大学の秦輝教授は、中国型開発モデルの比較優位性は人権を無視できるボーナス（低人権紅利）であるとしている。

外国人観光客が目にする中国の輝かしいニュータウンに、どれほどの悲しいストーリーが隠れているのだろうか。古くからの住民の家屋は強制的に取り壊され、建設労働者も低賃金で働かされている。これはマルクスの理想に反するものであるといわざるを得ない。そのうえ、再開発では文化財が取り壊されるケースも多い。かつて、毛沢東が発動した文化大革命（1966～76年）では、孔子のお墓まで掘り返されるなどの暴挙が繰り広げられた。また毛沢東は北京を首都に決めたあと、北京の城壁のほとんどを壊した。北京の城門は今、地名しか残っていない。外国人が多く住む朝陽門地区はその典型で、朝陽門にはもう門など存在しない。毛が発動したのが第1次文化大革命だとすれば、今の都市再開発は文化財を取り壊す意味で、第2次文化大革命といえる。筆者の故郷、南京のある開発工事では、明王朝（明王朝初代皇帝朱元璋は南京を首都とした）時代の井戸を埋めてしまったと報道でみたことがある。2000年代以降の中国の開発スピードは奇跡といわれたが、中国固有の文化と文明が破壊されたことを考えると、暴挙だったともいえる。

「大きい＝強い」という「美学」

昔は北京市の駅といえば天安門広場にほど近い北京駅だったが、1996年、新しく北京西駅が完成して開業した。すごい駅だと噂になっていたので、わざわざ見にいったことがある。というのも私は当時、中国の交通インフラを調査していたからである。実際に行ってみて、確かに驚いた。なにより驚いたのは、その大きさだった。駅舎はもとより、タクシー降り場からプラットホームまで、大きな荷物を引っ張って歩くのは相当大変だろうなと感じた。

また２０１９年、北京では第三の空港「北京大興国際空港」が開業した。筆者は利用したことがないが、利用したことのある人によると、チェックインカウンターから搭乗口まで普通に歩いて30分以上かかるそうだ。中国では「大きい＝強い」という理屈から、こういう不必要な巨大インフラ施設が建設されている。

まったく関係のないことだが、昔、『路地裏の経済学』で有名な日本人エコノミストの竹内宏氏に同行して、中国で講演したことがある。講演のあと、主催者が宴会を催してくれた。メイン料理の一つは魚の頭で作ったスープでとてもおいしかったが、その器の大きさをみてみんな驚いた。竹内さんには「柯さん、あなたの国では、限度という概念がないのか」と皮肉をいわれた。魚の頭のスープを盛る「どんぶり」が、赤ちゃんをお風呂に入れるベビーバスぐらいの大きさだったのだ。

昔、あるロシア人にいわれたことがあるが、ロシア人にとって大きいというのは美しいことを意味する。この点については、中国人はロシア人に限りなく似ているかもしれない。はじめて北京に行ったとき、天安門広場に立って、正直その大きさに圧倒されてしまった。天安門のお城の上に一度だけ上ったことがある。そのとき連れていってくれた中国の共産党幹部は、このお城の上から下にいる人を見下ろすと、大きさが18分の１になるように設計されているといった。本当かどうかわからないが、確かに下の人はそれくらい小さくみえた。しかし、これだけの大きさの広場を作る必要性はあったのだろうか。公園だったらまだわかるが、記念行事を行うための広場としては大きすぎると感じた。

２０００年代に入ってからも、中国では次から次へと巨大なインフラ施設がつくられた。そのほとんどは必要以上の大きさになっている。大きすぎるというのは、逆に考えれば、土地やエネルギーなどの資源効率が悪いことを意味する。中国は確かに大きい国だが、実は土地については決して豊かな国ではなく、むしろ余裕がない。14億人もの人口を抱えている一方、実際に人の居住に適する土地はそれほど豊富ではないからだ。

温家宝元首相は在任中（２００３〜12年）、将来起こりうる食糧危機を心配して、都市再開発によって農地を侵食してはならないと呼び掛けた。温元首相が示した試算によれば、18億畝（1畝≒6・667アール）のレッドラインを死守しなければならないということだった。その温家宝元首相が退任して10年以上が経過した。今、中国の農地がどれくらい残っているかは誰もわからない。最近は農業の専門家が、中国で食糧不足が起きる可能性があると警鐘を鳴らしている。１９９４年、アメリカの環境活動家であるレスター・ブラウンは、「だれが中国を養うのか？」という論考を発表した。この論考は、今の中国に重要な問いを投げかけている。

補論：地上げと不動産バブルのメカニズム

最後に、地上げと不動産バブルのメカニズムについて補足しておきたい。

経済学的に考えれば、市場経済の場合、財やサービスの価格・料金は需要と供給によって決まるものといわれている。需要＞供給の場合、価格・料金は需要＝供給になるまで上昇すると考えられている。逆に需要＜供給の場合、価格・料金は需要＝供給になるまで下落すると思われる。

中国での不動産価格形成メカニズムを補論図で説明しよう。Dは需要曲線で、Sは供給曲線である。その交点は均衡状態を示し、縦軸は価格を示す。P^*は均衡価格を示すものである。不動産需要が増えると、DはD'にシフトし、そのぶん不動産価格は上昇する。そして土地の供給量が調整され、SはS'にシフトし、不動産価格はP'に上昇する。本来の均衡価格に比べ、P'は遥かに高い水準になっていることが分かる。このように、中国で起きた不動産ブームと不動産バブルは、まさに需要増と供給調整が繰り返されて発生したものである。

補論図　需要と供給からみた不動産価格形成メカニズム

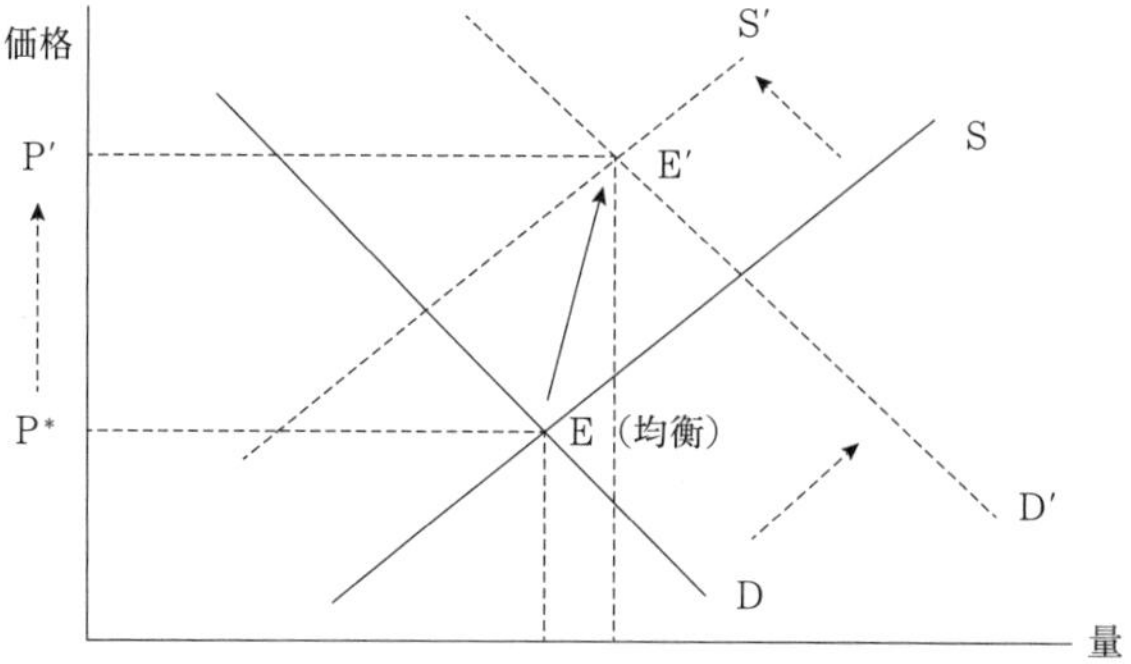

資料：筆者作成

不動産価格を均衡価格に近付けるには、需要を抑える必要があると同時に、供給を増やさないといけない。需要を抑えるには、習主席が「家は住むためのものであり、投機の対象ではない」と呼びかけたように、投資・投機を抑えればいい。また、不動産課税、日本でいう固定資産税を課税すれば、余分に不動産を持っている投資家は保有するコストがかかるので、新規の投資を抑制して手持ちの不動産物件を放出する可能性が高い。むろん、不動産課税のためには資産査定をきちんと行う必要がある。ただ、中国では家屋の部分は個人の所有であるものの、土地の所有者は中国政府となるため、理論的には通じない可能性がある。この点については、後の章で詳述することにする。

コラム②「烏坎事件」の背景と結末

制度的に農村の土地は集団所有制であり、それを処分する際は、村民会議を開いて決めることになっている。しかし、多くの場合、村民委員会の幹部が他の村民の同意を得ず、不動産開発業者と結託して土地を売却、その売却代金を着服する。その代表的な事例は、２０１１年、広東省の烏坎村で起きた「烏坎事件」だ。

事件の詳細な経緯は省くが、烏坎村の村民委員会の幹部は村の共有地を7億元あまりで売却した。売却代金の大半は、村民委員会の役員によって着服されたとされている。それに対して村人は抗議活動を展開し、上層の市政府などに「陳情」を行った。最終的に抗議活動を主導したリーダー役は逮捕され、武力によって抗議活動は鎮圧された。この事件の重要な点は、私有財産権が恣意的に侵害されたことである。それに対して村人は法に訴えることができず、政府に陳情しても、適切に対処してもらうことができなかった。不動産開発・都市再開発が進められる一方で、人々の私有財産権が法律によって保護されていないのは問題である。

第4章　「失われた30年」への道

急成長したシャドーバンク

中国で不動産バブルが大きく膨らんだ背景には、不動産開発にかかわるシャドーバンク（影の銀行）と、「融資平台」と呼ばれる地方政府設立の投資会社の存在がある（図表６参照）。

とくに注目すべきはシャドーバンクの「活躍」である。シャドーバンクとは、金融機関のバランスシートに計上されないオフバランス取引のことを指す。中国銀行業監督管理委員会の報告書によると、中国のシャドーバンクが急成長するようになったのは２００８年頃からだ。２００８年というと、ちょうど北京オリンピックが開かれ、同時にアメリカでサブプライム危機によるリーマンショックが起きる年だった。

シャドーバンクが急成長した原因はすでに明らかになっている。人民銀行（中央銀行）が金融引締政策を強化すると、金融市場では流動性不足（資金不足）が顕著となり、シャドーバンク、すなわち、影の金融市場でのファイナンスが盛んになる。金融監督は不十分であるため、資金を調達するノンバンクなどにおいて、ありえないほど高い利回りを約束する投資信託金融商品「理財商品」がたくさん販売されるようになった。

これらの仕組みは、中国の社会や産業に思わぬ弊害をもたらした。金融危機、「失われ

図表6 地方政府設立の「融資平台」の仕組み

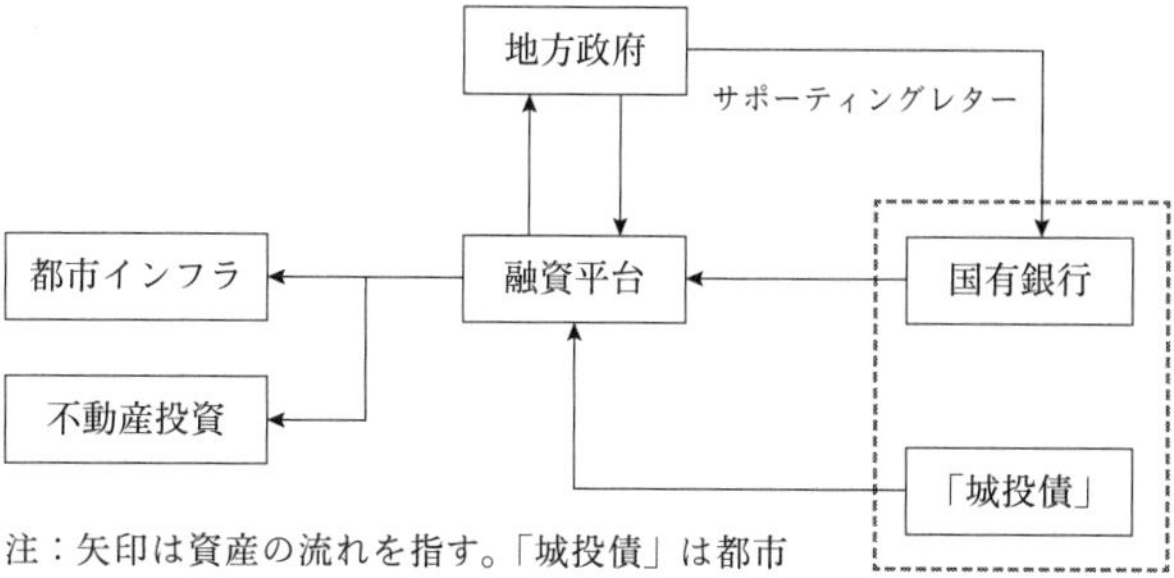

注：矢印は資産の流れを指す。「城投債」は都市投資債券で、地方債の一種である。

資料：筆者作成

た30年」へとつながっていく恐れもある。

自己責任の「理財商品」

10年ほど前のことだが、筆者は勉強のため、北京で理財商品を買ってみたことがある。買ったのは国有銀行の窓口だった。国有銀行の支店に行くと、預金に来る人を相手に、銀行員は積極的に理財商品専用窓口に案内しようとする。話を聞いてみると、売られていた理財商品はその銀行のものではなくて、不動産デベロッパーや「融資平台」などの理財商品を仲介しているとのことだった。当時、銀行の定期預金の金利は4%台後半だったが、理財商品の利回りは5%台後半から16%まで様々なものがあった。銀行員は勧誘の際、極力言葉を濁して、リスクについては触れなかった。

最終的に利回りが5%台の理財商品を1本買ってみ

た。満期は157日の商品だった。実際に手続きする段階になって、「この商品にはリスクがあり、自己責任で購入する」といった文章を、購入申込書に手書きで複写させられた。担当者は筆者に申込書を書かせながら「デフォルトの可能性はほとんどない」と言っていたものの、いざデフォルトになった場合、銀行は責任を負わないということだ。繰り返しになるが、商品の勧誘時には、リスクについてまったく説明されなかった。銀行員があれだけ積極的に理財商品を勧めるというのは、銀行および銀行員個人に対するキックバックがあるのではないかと推察される。

他の先進国の銀行でも、投資信託の金融商品を勧められることがあるが、銀行本体の預貯金業務との間で厳しいファイアウォールが設けられている。中国の場合、銀行の窓口で理財商品を買う個人の多くは、それがどこの商品なのかを理解していないはずである。銀行が売っている理財商品だから、リスクがないと思い込んで買っている人が多い。いざデフォルトが起きたとき、銀行が返済してくれると誤解している人が少なくないと思われる。だが、10%以上の高い利回りを「約束」する理財商品であれば、ほとんど元本も戻ってこないものと覚悟しておかなければならない。幸い、筆者が勉強のために購入した理財商品は満期の翌日に元利ともに取り戻した。

図表7　中国のシャドーバンクの資産残高と対GDP比の推移

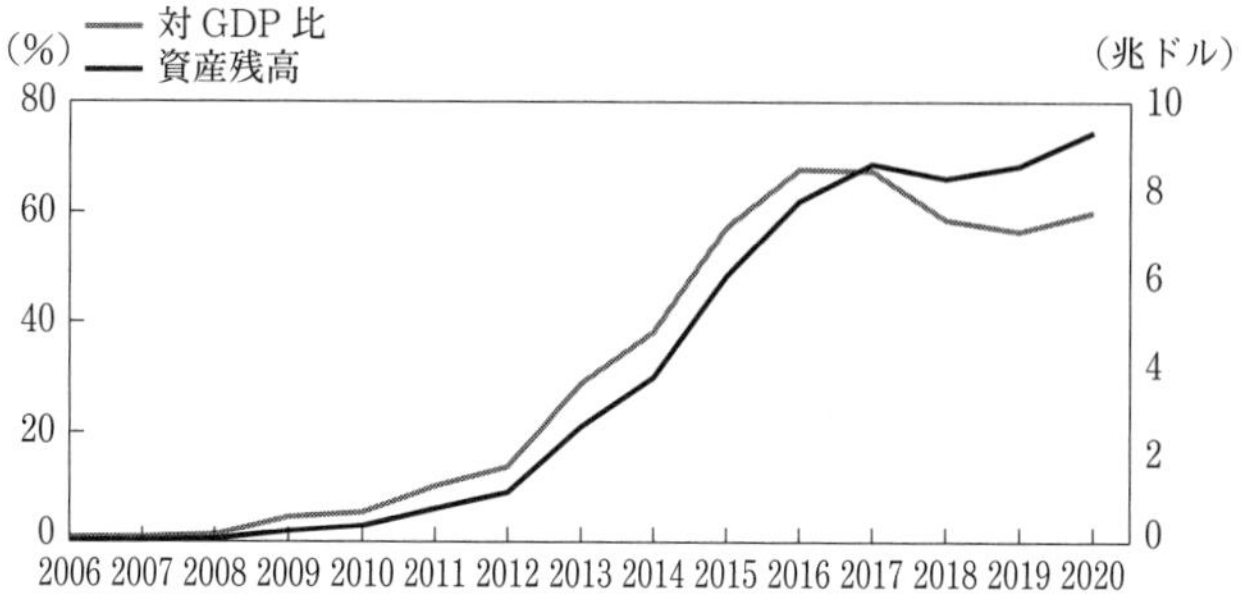

資料：ECB Economic Bulletin, Issue 2/2022

注：2022年末現在、中国のシャドーバンクの資産残高は10兆ドルに迫り、GDPの60%に相当する。

近年、中国政府は理財商品を中心とするシャドーバンクの膨張を警戒して、銀行の理財商品の仲介を厳しく管理するようになった。しかし、図表7に示したように、理財商品の残高がGDPに占める割合は依然高い水準を維持している。不動産開発を背景に旺盛な資金需要があるにも関わらず、国有銀行を中心とする正規金融機関はそれに応えなかったからだ。2023年になって不動産バブルは崩壊したので、それにともない理財商品などのシャドーバンクのファイナンスも少し下火になる可能性はある。

リコノミクスと脱レバレッジ

　2000年代以降の中国経済の成長を支えたのは、楽観的な期待を抱いた不動産デベロッパーが

図表8　レーガノミクス、アベノミクス、リコノミクスの比較

レーガノミクス	アベノミクス	リコノミクス
1980年代	2012年〜	2013〜23年
・サプライサイド経済学 ・規制緩和 ・減税による景気刺激 ・小さな政府	3本の矢 ①異次元の金融緩和 ②機動的な財政政策 ③成長戦略	・無理に金融緩和せず ・脱レバレッジ ・構造転換

資料：筆者作成

築き上げた、高すぎるレバレッジと債務比率だった。

近年、中国の不動産市況が悪くなるにつれ、不動産デベロッパーの資産が目減りし、債務超過に陥っている。とくに、不動産デベロッパーは多くの外債を借り入れている。米連邦準備制度理事会（ＦＲＢ）は２０２２年から、インフレ抑制のために急激な利上げを実施した。その結果、中国不動産デベロッパーはドル建て債務の返済を延滞するようになった。ドル建て債券のデフォルトは、不動産バブル崩壊と金融システム危機の根本的な原因ではないが、引き金となった可能性がある。

　債務の膨張に危機感を抱いていた李克強前首相は、在任期間中（２０１３〜23年）、一連の経済政策を打ち出した。これらの経済政策はレーガノミクスとアベノミクスに因んで、リコノミクスと命名された（図表

８参照）。リコノミクスは安易な金融緩和を行わず、脱レバレッジと構造転換を柱としていた。

習政権が正式に誕生したのは２０１３年３月だったが、それまでの30余年間、中国経済は奇跡的な高成長を成し遂げた。一方でその奇跡は、政府共産党にとって間違いなく重荷になっていた。中国共産党は選挙で選ばれていないため、その正当性を証明する唯一の方法は高い経済成長を実現し、人民生活を裕福にすることである。事実、中国共産党は幹部を昇進させる評価基準において、高い成長を実現できたかどうかをなによりも重要視している。ただし、習政権になってからは、経済成長の実現よりも、習主席への忠誠心が重要視されているようだ。求心力を強化するという点では、両者は本質的に同じものといえよう。

習政権が誕生したころの中国は、それまで毎年目指していた８％の成長を実現できなくなったため、李克強前首相は無理に８％の高い成長を目指さなくても、６～７％の中高成長を目指せばいいのではないかとわずかながら方針を転換した。当時、それは「新常態」（ニューノーマル）と呼ばれたが、リコノミクスが唱えた脱レバレッジも、まさにこうした背景から生まれたものだった。

仮にリコノミクスがきちんと実施されていたら、中国は不動産バブル崩壊を免れたのかもしれない。しかし、習政権において権力の一極集中は予想以上に進み、李克強前首相はそれまでの歴代首相のなかでもっとも弱い首相となった。理念はあるが、それを実施する力がなかったのだ。正しい問題意識に基づく正しい政策が提案されたものの、結局それらはほとんど実現することがなかった。習政権になってから、経済成長率は年を追うごとに下がり、「新常態」で唱えられた6～7％の成長率すら実現できなくなった（前掲図表1参照）。予想以上に経済成長率が下がったため、習政権は不動産開発を促進して経済成長を維持せざるを得なくなった。繰り返すが、不動産および不動産関連産業はGDPの約3割に達しているといわれている。逆にいえば、製造業およびサービス業は、経済成長を牽引する力が弱くなっているということだ。

習政権は経済成長を不動産開発に頼っていたため、不動産バブルの崩壊は政権にとって致命傷になる可能性が高い。だからこそ、不動産バブルの崩壊を許すわけにはいかないのだ。

不動産ブームの予期せぬ弊害

不動産開発は、中国の産業や社会にも予期せぬ弊害をもたらした。

改革・開放後の中国の産業の歩みを軽く振り返ろう。１９８０年代、都市周辺の農村地帯で起業された「郷鎮企業」と呼ばれる集団所有制小規模製造業が新しい星となった。90年代半ばになると、不動産デベロッパーの起業ラッシュが始まる。恒大集団や碧桂園などの大手デベロッパーのほとんどは、この時期に創業されている。また同時期、アメリカなどの西側諸国に留学して帰国した中国人留学生の「海亀族」がＩＴ関連ビジネスを起業した。これらは後に、アリババやテンセントなどのビッグテック企業へと成長することになる。２０００年代に入ると、TikTokなどのインターネットエンターテインメント企業が創業されたほか、太陽光パネルや新エネルギー自動車に関するたくさんのスタートアップ企業が生まれた。１９８０年代から今日に至るまで創業されたこれらの企業の共通点を挙げるなら、いずれも国有企業がほとんど参入していない分野で創業した隙間ビジネスだということだ。

かつて最高実力者だった鄧小平は改革・開放を進めたものの、社会主義路線と共産党指導体制は絶対に堅持すると後輩たちに繰り返し強調した。共産党指導体制において国有企業は「主」で、民営企業は補完的な存在で「従」である。したがって、個人が創業する民営企業は絶対に国有企業の独占産業分野に参入してはならない。国有企業の独占産業分野といえば、鉄鋼などの重厚長大産業がほとんどである。

むろん、何事にも例外がある。１９８０年代の中国の自動車業界はほとんどが国有企業だったが、その後、民営企業の参入が認められ、今は官民混戦状態になっている。当初、中国政府は地場企業のキャッチアップを急ぎ、自動車産業政策として「三大三小二微」を打ち出した。三大とは、第一汽車（長春）、第二汽車（東風）、上海汽車。三小とは天津汽車、広州汽車と長安汽車である。さらに、二微として長安鈴木、貴州航天が加えられた。乱立していた自動車メーカーを、これら「三大三小二微」に集約し、条件付きで外資に開放したのだ。ところが中国政府の規制政策とは裏腹に、自動車メーカーはさらに乱立してしまった。地方政府の支援を受けて設立された国有メーカーと民営企業の参入もあった。近年は電気自動車開発がブームとなり、前述のように不動産デベロッパーの恒大集団も電気自動車開発に参入している。

地道な努力をしなくなった

こうしたなかで、不動産ブームは中国の産業に思わぬ影響を与えることになる。

２０００年代以降、不動産ブームは顕著になっていった。デベロッパーはいとも簡単に一攫千金の夢を実現し、不動産投資を行う個人はあっという間に資産家となった。あまりにも簡単に大儲けできるようになったため、人々は技術開発・イノベーションのための地道な努力をしなくなったと、中国国内の専門家は警鐘を鳴らした。国内の統計によると、ハイテク工作機械における地場メーカーのシェアはわずか６％で、94％は輸入に頼っていることになる。日本の工作機械メーカーのエンジニアに原因を聞いてみると、「中国人の若者は一人前になる前に、辞めてしまうことが多いから」といわれた。このようなコンテキストに則って考えれば、不動産バブルの崩壊は中国経済にとって必ずしも悪い話ではないかもしれない。不動産バブルが崩壊して、中国経済と中国人の心が落ち着くようになれば、安定してゆっくり成長することを、皆が目指すようになる可能性もある。長期的にみれば、落ち着いた経済成長は中国経済にとってプラスになる。

むろん、不動産バブルの崩壊後、中国経済が安定成長の軌道に戻るとは限らない。目下の中国経済をみれば一目瞭然だが、失業率が上昇し、すでにデフレに突入している。不動産バブル崩壊をきっかけに、人々は不動産開発と不動産投資で一攫千金の夢を実現できないと認識した。そこから再び技術を学び、生産性を向上させることで経済成長を実現するようになるまでは、予想以上に時間がかかる。

最悪のシナリオは、政府がバブル崩壊を心配するあまり、デベロッパーを救済し、中国版異次元金融緩和政策を実施することだ。それによって、バブルの本格的な崩壊は先送りできるかもしれないが、マクロ経済の生産性の向上には寄与しない。

役人の無知と知識人の無恥

結局、中国共産党は一党独裁の体制を堅持しているが、政府共産党が万能であるということは決してない。かつての計画経済では、中国政府が毎年経済計画を策定し、それに基づいて経済活動を推進していた。だが、資源配分が非効率で、経済活動のインセンティブが働かないため、結果的に中国経済は事実上破綻してしまった。

今の習政権は、経済を統制しながらも経済成長を実現するという夢を、再び実現しようと試みている。

アリババの創業者の馬雲（ジャック・マー）は数年前、ある会合でのスピーチのなかで、「これからはビッグデータの時代に入っていく。ビッグデータを使えれば、ありとあらゆる情報を政府が手に入れることができるようになる。そのとき、計画経済に基づく経済運営ができるようになる」と述べた。馬がほんとうにそう信じて述べたかどうかは不明だが、仮に毛時代にビッグデータが登場して、それを使って計画経済を実施していれば、アリババは創業されることはなかっただろうと断言できる。

北京大学の張維迎教授は、「中国の問題は役人と幹部の無知と知識人の無恥（恥知らず）にある」と、共産党幹部と知識人を批判している。筆者が思うに、馬は心から計画経済を信奉していたというより、中国政府に迎合して前述の発言をしたのではないか。中国国内のある法学者は、「自由とは人々が言いたいことを言う自由よりも、言いたくないことを言わない自由である」と述べたことがある。まったく正しい認識である。中国社会における不動産開発をめぐる一連の「怪現象」を通して、中国社会に内在するさまざまな問題が透けてみえる。

バブル崩壊への備えはできているか？

以前、ＮＨＫの番組に呼ばれ、あるスポーツ選手に中国の不動産バブルについて解説することになった。事前の打ち合わせを終え、番組が始まる5分前、突然そのスポーツ選手は「先生、バブルってなに？」と聞いてきた。筆者は一瞬冷や汗をかいた。どのように答えたかについては思い出せないが、バブルはシャボン玉のようなもので、どんなに大きくて美しいシャボン玉でも必ず破裂する。不動産バブルも同じことであり、必ず崩壊するのだ。

ただし、シャボン玉と違って、不動産バブルは崩壊するまで、多くの人はそれがバブルであることに気づかない。問題はバブルが崩壊したときだ。それぞれの関係者に備えができているかどうかがポイントである。

不動産バブル崩壊のメカニズムは必ずしも解明されていないが、バブルは突然崩壊するものである。まずはデベロッパーが開発している不動産が売れなくなり、デフォルトに陥る。その影響を受けてマクロ経済が急減速し、失業者が増える。家を買った個人は住宅ローンを返済できなくなる。中国の場合は、マンションが完工する前に住宅ローンが実行されることが多いため、新しく買ったマイホームに入居できなくて途方に暮れる人が増えるだろう。影響は銀行にも及ぶ。デベロッパーへの融資と家を買った個人に対する住宅ローンが焦げ付き、不良債権になる。完工していない家を差し押さえても競売で売れないので、結果的に銀行のバランスシートに巨額の不良債権が生まれ、金融システム危機に陥る可能性がある。

中央政府と地方政府への影響については、分けて考える必要がある。地方政府については、土地の使用権を払い下げようと入札を告知しても、デベロッパーが入札に参加しない事態が起きる。そうして地方財政が赤字になると、地下鉄の延伸工事のようなインフラ整備がストップするだけでなく、既存のインフラ施設のメンテナンスが予定通りできなくなる可能性がある。2023年12月、北京のある地下鉄で脱線事故が起きたが、メンテナンスを怠ったことが原因であるといわれている。また、地方政府が財政危機に陥ると、社会保障基金に注入する資金が枯渇する可能性がある。その結果、年金の支給が滞り、深刻な社会問題となるだろう。

デベロッパーの連鎖倒産による金融危機

一方、中央政府にとっては、いかにして金融危機を回避するかが重要な課題になる。不動産バリューチェーンの関係者は救済を期待するだろうが、中央政府はその全員を助けることはできない。誰を優先的に救済するかについてプライオリティを決めることが重要になってくる。中国は透明性のない社会なので、各々の関係者は政府とのバーゲニングとロビー活動を強めるだろう。そのなかでもっとも不利な立場に立たされるのは、マイホームを買った個人と、不動産デベロッパーの理財商品を買った個人投資家である。独裁政治の政府救済計画において、個人はいつも劣後になる。むろん、彼らも黙っているわけではなく、グループとなって抗議活動を展開し、政府に圧力をかける。

政府にとってもっとも心配しなければならないのは、デベロッパーの連鎖倒産が起ることである。目下、中国政府のなかでは、すべてのデベロッパーを救済するのではなくて、救済するデベロッパーと救済しないデベロッパーをわけた「ホワイトリスト」が作成されているといわれている。この件が報道され、現在はデベロッパーによる政府機関へのバーゲニングが盛んになっていると思われる。救済するデベロッパーと救済しないデベロッパーの線引きの基準がはっきりしないというモラルハザードが起こる可能性も高い。

政府がデベロッパーを救済する条件として、創業者あるいは経営者に経営権の譲渡を求めることもあり得るだろう。国有企業による吸収・合併となるだろうが、その後の不動産開発がうまく行く保証はない。そのほかには、国有銀行による融資の増額でキャッシュフローの難関を乗り切るやり方も考えられる。しかし、銀行融資の増額は経済危機の根本的な問題解決にはならない。逆に採算性を度外視する、ソフトな予算制約が引き起こすモラルハザードは、経済効率をさらに悪化させる心配がある。経営難に陥ったデベロッパーにとって、政府の指導に基づいた国有銀行のレスキュー融資はフリーランチのようなもので、このような融資はデベロッパーの経営を改善することにほとんど寄与しないと思われる。

中国で不動産バブル崩壊のリスクが囁かれるようになって久しいが、政府、国有銀行、デベロッパーと個人はいずれもきちんとリスクに備えてこなかったようだ。筆者は講演などでよく「中国は日本のバブル崩壊からきちんと学んだのではないですか」と質問されるが、そうとは思えない。多くの中国人にとって30年前の日本の資産バブル崩壊は、単なる対岸の火事に過ぎない。「備え有れば、患いなし」という諺《ことわざ》を考えた中国人の祖先に比べれば、今の中国人はリスクに備える意識が薄いようだ。

失速する不動産業界の将来

バブル崩壊後の不動産業界には、どのような将来が待ち受けるのか。

中国は社会主義国家であり、制度だけを見れば土地は公有制である。また、政策面において国有企業が優先されているのも特徴的といえる。図表9に示したのは中国企業資産総額ランキングトップ10の推移である。２０２３年、民営企業のアリババが10位に入っているが、他はすべて大型国有企業である。石油などのエネルギー企業や金融機関および鉄道建設など重厚長大企業ばかりだ。

これらの国有企業は政策的に優遇されているから、市場を独占して規模がますます大きくなる。胡錦濤政権（２００３〜13年）の10年間、国有企業による市場独占が一段と強化され、「国進民退」が進められた。２００９年、中国政府はリーマンショックの影響を抑えるため、４兆元の財政出動を実施したが、そのほとんどは大型国有企業に流れた。

一方、中国の不動産デベロッパーの大半は民営企業である。会社の規模は国有企業に及ばないが、収益性が高いため、そのほとんどが創業から20年程度で中国屈指の億万長者となった。図表10に示したのは中国の億万長者、すなわちミリオネアトップ10の推移である。わかりやすいように、経営者名を会社名に置き換えて示した。２０２０年には、５位に恒大集団の許家印がランクイン、７位は碧桂園の楊国強だった。不動産バブル崩壊以降の２０２３年のランキングを見ると、中国本土のデベロッパーはすべて抜け落ちている。７位の長江実業は香港の財閥だ。

これまでの20余年間、中国経済にとって不動産業は間違いなく力強いエンジンだった。だが２０２３年に不動産バブルが崩壊し、中国経済は失速してしまった。習政権も有効な経済政策を打ち出せていない。

図表9 中国企業資産総額ランキングトップ10の推移

	2010年	2015年	2020年	2023年
1	中国石油	中国石油	中国石油化工	中国石油化工
2	中国石油天然ガス	中国石油天然ガス	中国石油天然ガス	中国石油天然ガス
3	中国移動	中国建築	中国建築	中国建築
4	中国鉄道建築	中国工商銀行	中国平安保険	中国中鉄
5	中国中鉄	中国移動	中国工商銀行	中国平安保険
6	中国人寿保険	上海汽車	中国中鉄	中国鉄道建築
7	中国工商銀行	中国中鉄	上海汽車	京東集団
8	中国建設銀行	中国鉄道建築	中国鉄道建築	中国移動
9	中国建築	中国建設銀行	中国移動	中国工商銀行
10	中国銀行	中国農業銀行	中国人寿保険	アリババ

資料：https://www.caifuzhongwen.com/

図表10 中国ミリオネアトップ10の推移

	2010年	2015年	2020年	2023年
1	ワハハ	万達	アリババ	養生堂
2	海普瑞	アリババ	テンセント	テンセント
3	求玖紙業	ワハハ	養生堂	拼多多
4	三一集団	テンセント	順豊	寧徳時代
5	Baidu	シャオミ	恒大集団	TikTok
6	華彬	蘇太華系	美的	網易
7	東方希望	Baidu	碧桂園	長江実業
8	万達	汎海	網易	美的
9	蘇寧	蘇寧	拼多多	吉利
10	世茂集団	万向・華彬	牧原	アリババ

資料：胡潤百富

注：①　　は不動産業、②表中に示したのは社名だが、ミリオネアはこれらの会社の創業者または経営者である。

むろん、中国不動産業がこのまま衰退するかどうかは分からない。中国はこれからも都市再開発を進めていく必要があるからだ。重要なのは、不動産業を発展させるための市場環境と市場のルールをきちんと整備していくことである。不動産業は単なる建設業だけでなく、金融の面でも、個人にとって資産を運用する重要な市場である。ただ、中国における土地の希少性を考えれば、その土地が一握りの富裕層に過度に集中してしまうことは社会不安につながる恐れもある。なにより、中国共産党は現在の体制を社会主義と謳っているのだから、これ以上格差の拡大を看過してはならない。不動産開発ブームと不動産バブルは単なる経済の問題ではなくて、中国社会に内在する政治経済問題の縮図である。

中国経済が直面する「失われた20年ないし30年」

不動産バブルの崩壊以降、一部の研究者の間で中国経済の日本化が議論されている。現象面では似ているところがあるかもしれないが、本質的には異なる問題だ。米国スタンフォード大学客員研究員の許成鋼（専門は理論経済学）は、目下の中国経済は構造的に、政府による経済統制という点で１９７０年代のソ連経済とよく似ていると指摘している。

30年前の日本のバブル崩壊は、基本的に市場の失敗だった。後処理の段階で政府が失敗を犯し、立ち直るのに時間がかかり、失われた30年を喫した。

それに対して、中国の不動産バブルとバブル崩壊は、政府の失敗が引き起こしたものだ。中国政府は不動産開発を経済成長の牽引役として位置づけた。土地の公有制を堅持し、不動産課税、すなわち、固定資産税は導入してこなかった。そのため個人にとっての不動産投資は、低コストでよりたくさんの不動産を所有する一攫千金のゲームとなった。不動産投資ブームについて習政権執行部も危機感を抱き、習主席自身は「家は住むためのものであり、投機の対象ではない」と発言したが、投資の禁止を呼びかけるだけでは意味はなかった。過度な不動産保有を制限したいのならば、不動産関連の課税を導入する必要があったのだ。

不動産投資は個人の自由として法的に認められている。不動産投資が過熱したのは、地方政府やデベロッパーの不正行為に加え、個人にとって機会コストが安いからである。過熱し過ぎた不動産投資を冷やすためには制度を改革する必要があるが、政府共産党は政策を立てるよりも先に市場に直接介入しがちである。政府共産党の市場介入は即効性がある半面、経済のハードランディングをもたらすリスクも高い。習主席の呼びかけは市場を直接統制するものであり、往々にして逆効果となる。

2023年末現在、習政権は金融緩和政策をもって不動産バブルの崩壊を食い止めようとしているように見える。しかし、年末に開かれた共産党中央経済工作会議で習主席が行った演説をみるかぎり、具体策は打ち出されていない。現状において不動産デベロッパーを救済する融資を実施しても、問題の解決を先送りするだけである。重要なのは構造改革だ。

日本の場合は、バブル崩壊の後処理を行うのに30年かかった。はたして中国は何年かかるのだろうか。現段階では断定することはできないが、日本経済を取り巻く外部環境と中国経済を取り巻く外部環境を比較すると、両者の立場は大きく異なると言える。

日本のデフレは30年間続いたが、輸出製造業は順調に日本経済を支えていた。それに対して、中国には米中対立とサプライチェーンの再編という壁が立ちはだかる。習政権は目の前の状況の深刻さを十分に理解しておらず、国内循環、すなわち、自力更生で経済成長を実現しようとしているようだ。しかし、中国の経済構造は輸出依存であり、内需だけで成長を持続させるのはそもそも無理なことである。

最近、中国国家統計局報道官の記者会見を聞いていると、都合の悪い経済統計を言葉で粉飾しようとする傾向が強くなっている。具体的な経済統計をいわずに、経済が改善に向かっているというように言葉を濁す場面が多い。実際のところ、不動産バブルは崩壊して、経済が回復する力は弱くなっているはずだ。国家統計局が正しい統計を発表しなければ、ポリシーメーカーは正しい政策を考案する根拠をもてない。このままいくと、中国は失われた20年ないし30年を喫する可能性が高くなる。

第5章　絶望する若者たち

少子高齢化が深刻な社会問題に

中国が世界一の人口大国とされていたのはすでに過去のことだ。今や、世界一の人口大国はインドになっている。中国にとって一番深刻なのは人口の減少ではない。急速に進む高齢化が、深刻な社会問題になりつつあるのだ。

約10年前、筆者は中国の介護制度を調査するために、北京のある「社区」（コミュニティ）を見学させてもらった。北京市内の古い団地だが、いわゆる独居老人が多く、子供はみんな独立しているといわれた。公的な介護保険が整備されていない中国で、独居老人の多くは介護難民になっている。

高齢化問題と少子化問題は、コインの表と裏の関係にある。中国の人口が減少したのは出生率が急速に低下しているからである。その一番の原因は、約40年間も続いた一人っ子政策の解除が遅れたことだ。中国政府は「計画出産委員会」を設立し、長年にわたり一人っ子政策の実施を徹底してきた。実は、一人っ子政策の解除に抵抗していたのは、まさにこの「計画出産委員会」だった。委員会は全国組織で約650万人の職員がいるが、一人っ子政策が撤廃されたらこれらの職員は失業してしまう、という本末転倒の主張がされていたのだった。仮に2010年ごろに一人っ子政策が撤廃されていれば、人口の減少をもう少し緩やかにできた可能性があった。

出生率を押し下げるもう一つの要因は、子育てのコストが年々高くなっていることである。中国社会、とりわけ都市部では、子供の教育熱が高く、小学校に入る前からピアノなどの習い事をさせたりするのは一般的になっている。小学校に入ってからは下校後、進学塾に通う子供が多い。名門小中学校のエリアのマンションやアパートは「学区房」と呼ばれ、普通の物件よりも数倍以上高くなっている。親にとって子育てコストは想像以上の経済的負担になっていて、結果的に子供を産まない若者は増えている。

マイホームがないと結婚できない

さらに出生率の低下に拍車をかけたのが、不動産価格の高騰、すなわち、不動産バブルである。中国の若者は結婚の条件としてマイホームの購入を挙げる。まるでマイホームすら購入できない人は結婚する資格などないといわんばかりである。むろん、今の20代や30代には、マイホームを買うほどの経済力はほとんどない。中国では、一般的にマイホームを購入する際に住宅ローンを借りるが、頭金は購入代金の30%となっている。２０２３年8月に20%に引き下げられたが、それでも多くの人は頭金を用意することができず、親の支援を受けて頭金を払う。親は我が子が結婚できないのを見て見ぬふりをすることができなくて、老後の資金の一部ないし全部を我が子に渡す。代わりに、自分の老後は我が子に面倒をみてもらおうと夢を見る。しかし、我が子を支援する経済力のある親はまだいいほうだが、経済力のない親も少なくない。その子供はマイホームを買うことができないので、結婚を断念せざるを得ない。こうして結婚したくても結婚できない若者が増えていき、出生率はさらに低下してしまっているとみられている。

　中国経済の高成長は長らく、若くて教育された豊富な労働力、すなわち人口ボーナスによって支えられてきた。ところが２０１３年３月の習近平政権誕生以降、その人口ボーナスがオーナスとなっている。李克強前首相は都市化ボーナスに期待を寄せていたが、都市化が中国経済を牽引する力は思ったよりも強くなかった。現実問題として、出生率が低下し、人口動態の少子高齢化が急速に進んでいることから、中国経済はこれから需要不足に直面することになる。不動産需要もなかなか上向きにならない可能性が高い。中国国内の専門家のコンセンサスでは、約２０００万戸が供給過剰になっているとされる。この数字は現実味のあるものと思われる。出生率が低下するなかで、当面は在庫の物件を値下げして売るしかなく、新規の開発プロジェクトへの着手は難しいと思われる。北京や上海などの大都市を中心に、中古物件を含めて不動産の価格はすでに3割下落したといわれている。若者の失業率は高止まりしており、また失業していなくても、賃下げが実施されているため、不動産の買い控えが目立つ。中国の不動産市場は需要不足が長期化する可能性があり、サプライサイドの調整も必要であると考えられている。

このような状況下で、中国の若者たちは大きな絶望に直面している。

なぜ賃貸マンションは敬遠されるのか

日本では、若者は大学を卒業して就職したら、自宅から通う人は別として、多くの人は賃貸のアパートを借りて住む。日本の賃金体系は今でも年功序列であるため、ある程度年数が経って給料が徐々に上がれば、結婚に向けてマンションを買う人が多い。なかには、結婚してからも賃貸マンションやアパートに住む人も少なくない。賃貸で家を借りるメリットには気楽さがあるだろう。とくに財産形成を考えないのであれば、気楽に生活したい人にとって賃貸で家を借りるのは決して悪い選択ではない。また、低所得層の人々は家賃の安い公営住宅に申し込むこともできる。日本では、各々の所得層の多様化した需要に応える形で住宅の供給も多様化しているのだ。

それに対して、中国では不動産バブルの崩壊以降も、賃貸に乗り換える人が少なく、公営住宅も整備されていない。低所得層は住む家がなく、大都市の一角がスラム化している。数年前に北京市政府は街の景観をよくするため、「低端人口」（低所得層の人々）を本籍地に強制送還する措置を講じた。当時の北京市長は習政権常務委員の一人である蔡奇だ。都市部にスラム街が出現すると、治安が悪くなるのは確かだが、だからといって住民を本籍地に強制送還するやり方は、明らかに乱暴すぎるといわざるを得ない。北京市の経済力であれば、日本の公営住宅のような住宅を整備して、抽選で入居者を受け入れることができるはずである。これらの「低端人口」と呼ばれる低所得層の人々は、大体が市内で飲食や宅配などのサービス業に従事していた。彼らが本籍地に強制送還されてから、北京市民の生活に支障が出るようになったと報道されている。

　中国の都市部では公営住宅が整備されていないだけでなく、民間の賃貸マーケットも大きく育っていない。賃貸マーケットが育つには、貸すほうと借りるほうがいずれも契約をきちんと守らなければならない。しかし中国では、法律の整備は進んでいるものの、法の執行がきちんと行われていない。契約を一方的に破棄しても罪に問われないため、賃貸契約の文化が根付かないのだ。トラブルになって自分だけが損をすることを恐れ、部屋を貸そうとする人も借りようとする人もなかなか現れない。

資産形成としての不動産購入

中国人が賃貸を忌避するもう一つの理由は、資産形成ができないということである。仮に10年間、賃貸で家を借りた場合、せっせと毎月家賃を払っても、退去時には手元になんの財産も残らない。中国人は日本人に比べて財産形成に関心が高く、さらにマイホームはステータスシンボルであるため、なんとか家を購入しようとする。ただし、ビジネスを行う人、とりわけ、店を経営する人たちは例外である。彼らはたいてい不動産を買わずに、賃貸で店舗を借りる。ビジネスは失敗のリスクもあり、家賃は店の経費として計上できるからであろう。

総じていえば、中国人は自分が住む家としてマイホームを買う志向が強い。人口の多い国であるため、みんながいっせいにマイホームを購入しようとして、不動産ブームが一気に巻き起こった。実需と潜在需要を考えて、投資家も中国の不動産市況を楽観的に見通すようになった。

一方で、経済発展とともに、所得格差は急速に拡大した。富裕層はマイホームを所有するだけではなく、投資目的で2戸目、3戸目の物件を買っていった。不動産ブームが過熱しすぎたため、中国政府は銀行に通達を出して、2戸目以上の物件を購入する個人に対して、頭金を引き上げたり、住宅ローンの金利優遇を引き下げたり、さまざまな措置を講じるよう命じた。ただ、もっとも重要な固定資産税はいまだに導入していない。

富裕層は投資目的で2戸目や3戸目の物件を購入するが、ほとんどの人はその物件を賃貸に出すことはない。物件の値上がりを待って転売し、キャピタルゲインを狙うのだ。一般的にマイホームの購入は実需であり、不動産バブルにはなりにくい。投資と投機が盛んになることで、バブルは大きく膨らむようになるのだ。

日本も中国も貯蓄率の高い国であるが、両者には異なる面がある。日本人はお金をためても、無理にリターンを求めず、多くの人は金利がゼロでもせっせと銀行に預金する。それに対して、中国人はリターンを求める傾向が強い。個人の金融資産は直接的ないし間接的に不動産市場に流れていき、不動産バブルを拡大させたといえる。

伝統的な家族観は崩壊した

中国人の伝統的な生活様式と家族意識といえば、大家族と親孝行である。伝統的な祝祭日といえば、春節（旧正月）、清明節、中秋節などであるが、いずれも家族団らんのためのものであると考えられている。日本のお正月に相当する春節は、家族が集まって一年の終わりを祝い、新たな一年の無事を祈るもっとも重要な祭日である。清明節は先祖を祭る祭日で、墓参りする人が多い。中秋節は中秋の名月を観賞しながら一家団らんする重要な祭日である。

しかし、40余年間の改革・開放を経て、中国人、とりわけ若者の生活は西洋化しており、核家族化も進んだ。中国社会では、伝統的な生活様式は徐々に消えていっている。伝統的な祭日は休みにこそなるが、家族が集まらないことも多くなっている。また、春節の風物詩である爆竹は環境汚染をもたらすとして、都市部を中心に多くの地域で禁止・制限された。若者にとって伝統的な祭日は、中身のない大型連休になっているようだ。とくに、独身の若者は実家に帰ると親に結婚を急かされるため、家族と集まるのを嫌がる人が少なくない。

かつて中国では、親孝行が儒教の美徳とされていた。今は「啃老」、すなわち、親に支援を仰ぐ若者が増えている。日本では若者は自立して実家を出た後、たまには顔を見せに帰ってくるが、基本的に経済的に自立しているのがほとんどである。中国では、むしろ親の支援を頼りにする若者が多い。

先ほど述べたように、中国では出生率が低下している。子供を産まないか、産んでも1人だけである。その結果、中国の家庭の形は完全に変わってしまった。子供が多い大家族は過去のことで、今はほとんど「4－2－1」という逆三角形の構成になっている。4は高齢者で、2は現役の夫婦であり、1は子供である。公的な介護保険は整備されておらず、4人の高齢者を夫婦2人で介護することは現実的に不可能である。

共産党統治体制への絶望

こうしたなか、中国はコロナ禍に見舞われた。中国政府は厳格な隔離措置を軸とするゼロコロナ政策を3年にわたり実施した。当時、新型コロナウィルスの性質が十分に知られていなかったため、隔離措置を講じるのはやむを得なかった。ただ、ゼロコロナ政策を実施する現場では、1人の陽性者が見つかったら、エリア全体のすべての人を専用の施設に強制的に閉じ込めるなど暴力的な行為が多々あった。隔離施設に連れていかれた住民の家には、医療関係者や警察官とみられる人たちが許可なく侵入し、家中に消毒液をまき散らし、ペットも手あたり次第殺処分してしまった。こうした行動は中国の法律に違反する可能性がある。

上海などの大都市では数か月にわたって隔離措置が実施され、食料の供給も停止させられた。病院は医療崩壊に陥り、持病のある患者が治療を受けられず、犠牲になった人はSNSなどでたくさん報告されている。中国のエリート層は政府に対し不信感を抱き、コロナ禍が終息する前に自宅マンションを含めて保有する物件をすべて売りに出し、海外へ移住した。

一方、低所得層の人々は先進国へ移住しようとしても、正規のビザを取得することが難しい。多くの人は中国のパスポート保持者に対してビザを免除するベネズエラなどの南米の国へ一旦入国し、そのあと陸路でメキシコに入り、アメリカへの入国を試みる。２０２３年に入ってから、メキシコからアメリカへ密入国する中国人が急増していると、アメリカのメディアは報道している。

アメリカに密入国しようとする低所得層の多くは英語ができないはずである。アメリカに無事に着いたとしても、どのように生活をするのだろうか。なぜ彼らは祖国を捨てて、アメリカに渡ろうとするのか。中国人は幼いころから学校などで厳格な愛国教育を受けているにもかかわらず、どうして自分の国を捨てるようになったのか。

答えは一つしかない。彼らは祖国というより、共産党統治体制に心から絶望したのだろう。中国の諺には「哀莫大於心死」というものがあるが、どんな大きい悲しみも、心が死ぬことと比べると、たいしたことではないという意味である。心が死ぬというのは、まさに絶望だ。コロナ禍の3年間は、中国が40年にわたり築いた経済の奇跡と人々の幸せな生活を一変させ、すべてを壊してしまった。

「我々は最後の世代だ」

コロナ禍ではこんな事件があった。医療従事者と政府の役人たちが、ある若夫婦を隔離施設に連れていこうとしたが、どんなに説得しても若夫婦は応じなかった。最後に役人たちは「このまま拒否すると、お前たちの子供の将来の進学にも支障を来すぞ」と脅した。それに対して、若夫婦はまったく動じる様子をみせず、「安心してくれ、子供を産まないから、我々は家族のなかで最後の世代だ」と返した。のちにこの若夫婦が発した「最後の世代」という言葉は、ネットで流行語となった。

コロナ禍はひとまず終息したが、中国社会と中国人の心には、予想以上に深い傷跡が残った。中国政府はコロナ禍でどれぐらいの企業が倒産したかを発表していないが、ＳＮＳ

への書き込みなどによると、約４００万社の中小零細企業が倒産したとされる。中国最大の商業都市・上海でも、市中心部の商店街はシャッター通りと化してしまった。昔の調査では、中国の中小企業の平均寿命は２年９カ月だったが、最近の調査では２年５カ月に短縮したといわれている。

どの国でもそうだが、中小企業はもっとも雇用に寄与するセクターである。中国政府が２０２３年７月に発表した同年６月の若者（16〜24歳）失業率は21・３％と前代未聞の高水準だった。それでも、この公式統計の若者失業率は、実態よりも低い数字だとされている。同時期に北京大学の張丹丹副教授は、中国政府が発表した若者の失業率に、実家に戻って生活していて失業状態にある若者（約１６００万人）を加算すると、実際の若者失業率は46・５％に達すると推計を発表した。若者の２人に１人は失業している計算である。２０２３年８月、中国政府は定義に問題があるとして、若者の失業率の発表を停止した。２０２４年１月には発表が再開され、２０２３年12月の失業率は14・９％と改善されたように見えるが、失業の定義が変更されていた。若者の失業問題がなかなか改善されず、社会問題化するのを心配したのだろう。

「寝そべり族」となる若者

いかなる社会においても若者は希望であり、明日を代表する存在である。しかし、現在の中国では、若者の間で「寝そべり族」という言葉が流行している。頑張っても無駄だから、寝そべろうという意味だ。なぜ若者たちは希望を失ったのだろうか。

中国人の若者の目の前にあるのは、かつてないほどの格差社会である。しかも、格差は徐々に固定化している。共産党高級幹部の子供は進学や就職において常に有利な立場にあり、特権を利用することができる。かつて毛沢東の時代（１９４９〜76年）、中国共産党はたとえ嘘であっても、みんなは平等であると唱えていた。今の中国社会は、共産党総書記・国家主席を中心とする同心円のようなもので、その権力の中心との距離によって有利か不利かが決まるようになっている。

李克強前首相は一時期、「大衆創業、万衆創新」（大衆の起業、万人の革新）を提唱した。スタートアップを重視する政策だったが、万人が起業するというのはありえない。そもそも若者は起業する資金すら調達できないし、起業できても失敗するリスクを抱えている。一国の首相が大衆創業を提唱する気持ちは分からなくもないが、ある意味では無責任といわざるを得ない。

都市部の若者たちは、小学校から高校まで習い事と受験勉強に没頭する。そうしてなんとか大学に進学しても、卒業後の就職先が見つからない。目の前にある厳しい現実に立ち向かう気力もなく、自分の将来に絶望してしまう。人間は他人も自分と同じように苦しんでいるのをみると、まだ頑張ろうと思えるが、同級生のなかに共産党高級幹部の子供がいたりすると心が折れる。自分はどんなに成績が優秀でも内定がもらえず、幹部の子供は親が素晴らしい就職先を用意してくれる。これでは絶望してしまうしかない。中国では、毎年どれぐらいの人が自殺しているか、公式統計は発表されていないが、マスコミの報道によると30万人前後とされている。コロナ禍以降、若者の失業率の上昇に伴い、自殺も増えているとみられている。ＳＮＳでは自殺する若者の動画がたくさんアップされている。

拡大するジェネレーションギャップ

近年、中国は社会の変化が速すぎて、ジェネレーションギャップも深刻な社会問題となっている。例えば、中国でキャッシュレス決済は急速に普及し浸透している。タクシーやバスの支払いは現金ではなく、すべてキャッシュレス決済を使わなければならない。60代以上の高齢者は、社会の変化に十分に適応できないでいる。

図表11　中国のネット・ユーザー数と普及率の推移

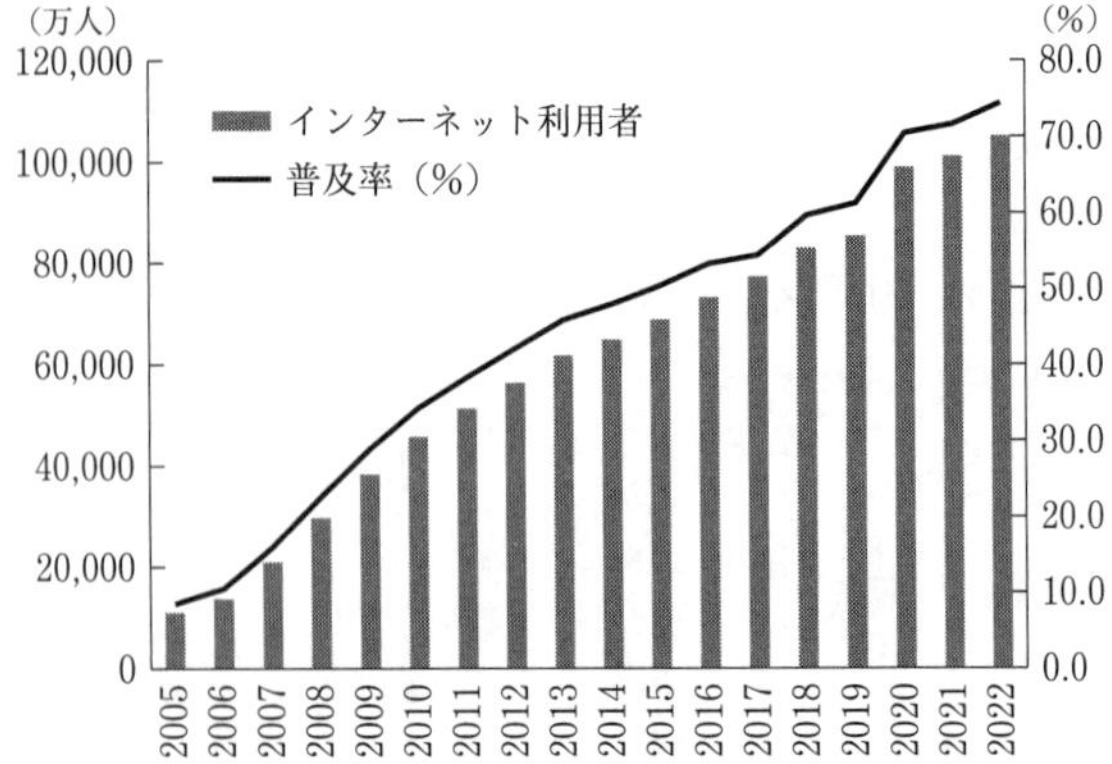

資料：中国インターネット情報センター（CNNIC）

インターネットの普及も、世代間の溝を深めている。スマホが普及した中国では、ネット・ユーザーは10億人を超えている（図表11参照、２０２２年末時点の利用者数は10億５１００万人）。多くの若者はＳＮＳを利用して、さまざまな情報に接している。もっと大胆に言えば、中国の若者たちはインターネットを通して、他の先進国の若者たちと同じような価値観を身につけているのだ。

　中国共産党は学校教育のなかで愛国教育を強化しているが、インターネットが普及した今は、毛時代ほど効果がないはずである。イデオロギーの愛国教育によるマインドコントロールは、外からの情報シャットアウトが重要だからだ。一定数の中国の若者は、ＶＰＮをインストールして海外のウェブサイトにアクセスし、Ｘ（旧ツイッター）などのＳＮＳを閲覧している。海外のＳＮＳに中国国内のさまざまな動画などがアップされているのはその証左である。

政治学者や歴史学者の一部は習政権が毛時代への逆戻りを図っていると指摘しているが、習政権にとっては簡単な作業ではないはずだ。何といっても、改革・開放後の中国人はいくらかの自由を味わった。再び北朝鮮のような完全な鎖国社会に逆戻りしようとしても、社会的な合意を得ることができないはずだ。

中国社会のジェネレーションギャップは、諸外国と比べても非常に大きいものである。60代以上の高齢者は毛時代に教育を受けており、いまだにマインドコントロールが解かれていない者が多い。40代以下の若い世代は改革・開放以降に生まれており、イデオロギー的な影響は比較的小さい。そのなかで40代と50代は中二階の世代で、これからの中国社会の柱になるが、大きな変革を起こすことは期待できない。現在の40代以下の世代が社会の柱になれば、中国社会は大きく変わる可能性が出てくるだろう。一方で習政権は共産党の指導体制を堅持するため、イデオロギー教育を強化している。それがどこまで浸透するかにもよるが、中国社会の変化を遅らせるように作用するかもしれない。

中国社会の合意形成は、個々人の思考力を弱めてきた。親の世代は毛沢東時代に学校教育を受けたため、共産党への忠誠心を教え込まれ、各々の個性は殺されてきた。その子供の世代も親の世代に影響されて、個性を失っている。ジェネレーションギャップはもしかすると、親の世代による子の世代への影響が弱くなるきっかけとなるかもしれない。

その半面、中国の伝統文化を崩壊させる危険性も秘めている。中国のような古い歴史をもつ多民族国家は、精神的な支柱なしで社会が安定することはあり得ない。むろん、中国の伝統文化の大半は毛時代にすでに壊れている。10年間続いた文化大革命は中国の古典文化を根こそぎ破壊してしまった。学校教育では漢文が教えられず、伝統的な家族観もとっくに形骸化してしまった。

自分らしい生活とは何か

不動産バブルの崩壊は、中国社会にメリットとデメリットの両方をもたらすことになるだろう。

まず、足元の景気減速と不動産バブル崩壊によって、中国社会は足踏みを続ける可能性が高くなる。これからの5年ないし10年、中国経済は中低レベルで成長していく可能性が高い。不動産バブルの崩壊が経済危機に発展した場合は、習政権の政治基盤が揺らぐこともあり得る。だからこそ2023年12月に開かれた共産党中央工作会議の演説において、習主席は繰り返し「(国家の) 安全維持」を強調した。

一方で、低成長は必ずしも悪い話とは限らない。中国人に落ち着いて反省する時間を与えることになるからだ。若い世代の中国人は、激変する社会に適応するように奔走してきた。金銭的な余裕がないのに、無理をしてマイホームを購入する若者も多かった。ここで一度立ち止まり、自分らしい生活とはどのようなものかを反省するいい機会だ。

第6章　貯蓄・消費・投資の特殊性

中国人は借金をしない

ハリウッド映画をみていると、アメリカではミドルクラスの人でも、財布にわずかしか現金が入っていない場面が多い。アメリカ人の貯蓄率が低いのは有名な話である。よくいわれることだが、アメリカ人は借金をして消費をする傾向が強いのだ。それに対して日本では、毎日のように電話による詐欺事件が起きていると報道されている。犯人は高齢者からいとも簡単に数百万円ないし数千万円のお金をだまし取る。これほどの現金をすぐに出せる高齢者が数多く存在するというのは、世界的にみても普通のことではない。

一方、中国は2022年時点での1人当たりGDPが1万2000ドル程度、世界ランキングで68位であるにも関わらず、不動産価格は世界トップレベルになっている。中所得国の中国人はなぜ世界一高いマンションやアパートを買うことができるのだろうか。まことに尋常なことではない。

この章では中国人の貯蓄・消費・投資事情を説明し、それが不動産バブルにどのような影響を与えたのかを見ていきたい。

今から20年以上前のことだが、北京であるカンファレンスに参加したことがある。主催者は当時の人民銀行（中央銀行）金融研究所所長（当時）の謝平で、海外からの参加者とのディスカッションが行われた。謝が何を話したかはほとんど記憶に残っていないが、一つの問題提起だけは今も鮮明に覚えている。アメリカ人は借金をして、目の前の生活を幸せにしている。中国人は借金をしないから、経済も発展しないうえ、自分の生活も幸せにならないとの指摘だった。当時は朱鎔基首相の時代で、中国国内のエコノミストの間では、クレジット経済を推進すべきとの論調が強かった。中国人もアメリカ人に倣い、もっと借金すべきとのことだった。

　中国の銀行はほとんどが国有銀行である。国有銀行は個人はもとより、民営企業にもほとんど融資をしようとしない。それゆえ、中国ではいまだにクレジットカードが普及していないのだ。広く使われているのはデビットカードである。

　クレジットカードはカード保有者が事前に設定した限度額まで利用でき、使ったお金は事後的にカード会社に払う仕組みである。設定される上限額は、いわばその人の信用度である。だからクレジットカードと呼ばれているのであろう。アメリカなどではクレジットカードを持っていなければ、信用がないということを意味する。それに対してデビットカードは、リンクする銀行口座にあるだけの金額を利用できるカードだ。口座に１０００円しかなければ、１０００円までしか使えない。１億円があれば、１億円まで使える。

銀行から借金して消費するというのは、中国ではまだ一般的ではない。ある意味、中国の国有銀行が個人に住宅ローンを組むようになったのは、大きな進歩だったといえる。1995年には「担保法」が制定・施行され、銀行は国有企業以外の法人や個人への融資について基本的に有担保原則となった。中国の銀行は個人に融資を行う際、家や車などの固定資産を担保に設定している。

貯蓄に対するリターンを求める

それでも中国ではいまだに、高齢者ほど節約を美徳として消費を控える傾向がある。基本的にお金があれば、できるだけ貯蓄しておこうとする。この点については日本人とほとんど同じだが、違うのはここから先の行動である。中国は貯蓄に対してリターンを求めるが、日本人はリスクをとってまでリターンを求めない。だからこそ日本では、銀行の預金金利がゼロになっていても、ほかの運用方法を考えないでせっせと預金する人が多い。一方、中国人はお金を貯めたら、できるだけリターンを最大化しようとする。中国の銀行の定期預金の金利は世界的にみて高い水準にあり、物価は大きく高騰していないにもかかわらず、なんとか利益を最大化させようとするのだ。

ただし、中国では、株式に投資する人は極端に少ない。元国務院発展研究センター教授の経済学者・呉敬璉は、かつて「中国の株式市場は賭博場のようなものである」と指摘した。実際株式に投資したことのある経済学者が、「賭博場はまだルールというものがあるのに、今の株式市場にはルールがない」と批判したこともある。おそらく大損したのであろう。中国では株式市場の設立後、何回かブームは起きたが、そのあと大暴落した。とくに個人投資家の多くは大損してしまい、株式投資のリスクが周知徹底された。

不動産投資は証券投資と違って紙くずになるリスクが低く、個人投資家たちに選好されているのだと思われる。しかし、個人にとってマンションを購入するのはかなりの高額投資であり、家族や親戚からお金を借り入れてまで購入するケースが多い。親友同士でお金を出し合ってマンションに投資する「群」（クラブ）まで現れている。むろん、実際に不動産投資ができるのは一握りの富裕層である。多くの人は投資信託の一種である理財商品に投資しているが、管理がずさんなうえ、詐欺も横行しているため、大損した人も少なくない。中国人にとって、手持ちの資金をどのように運用するかは悩みの種である。

ブランド品を買い占める中国人たち

経済学では一般的に、消費者の消費行動（消費関数）は所得と経済成長に対する期待によって決まるものと考えられている。政策当局は消費者の消費行動に影響を与えるため、政策手段として金利を調整することが多い。

中国人の消費性向を大きく変えたのは、間違いなくコロナ禍、とりわけ厳格な隔離措置を中心とするゼロコロナ政策だった。もともと、コロナ禍前の中国人の消費性向はかなり楽観的なものだった。世界主要大都市のブランドショップの前で朝から行列を成していたのは中国人観光客だった。パリでは中国人観光客によるブランド品の買い占めを防ぐために、１人１回の入国につき、買えるブランド品の数量が制限されたぐらいだった。当時、中国の１人当たりＧＤＰはまだ１万ドル程度だった。明らかに合理性を欠いた消費行動の背景には、間違いなく所得に対する期待があった。

彼らは一体何に期待していたのか。一般的に賃金は労働生産性によって決まるとされているが、これほど短期間に中国人の労働生産性が大きく上昇するとは思えない。したがって、賃金もある程度は上昇しても、大きくは上昇しないはずだ。株価はほとんど上昇せず軟調に推移している。投資信託の理財商品についても、デフォルトのニュースがＳＮＳで散見される。可能性として一番高いのは、不動産投資で得られるリターンである。

賄賂は中国社会の潤滑油

中国人の消費行動、とりわけ海外でブランド品を買いあさる人々の動きを詳しくみると、公費での購入が一定数みられる。中国国内で公費を使って買い物する際、領収書は税務署公認の公式のものでなければ、経費として計上できないことになっている。それに対して、海外で買い物する際の領収書は、条件なしで経費として計上できる。個人でビジネスをやっている人は経費として買い物をしているのだろうが、政府の役人およびその家族が、領収書を知り合いの企業に回して払ってもらうことも多々あるといわれている。これは賄賂そのものだが、日常茶飯事である。

中国国内に目を転じると、高級なレストランの利用者の多くは公費で飲み食いしている。実際、中国ではビジネスの商談の9割以上が、レストランでの食事のときに決まるといわれている。中国国内の社会学者によれば、賄賂は中国社会の潤滑油だという。この表現で賄賂を正当化することはできないが、言おうとしている意味は分かる。

不動産開発も似たような構図が出来上がっている。デベロッパーは大規模な不動産開発を進めるプロセスで、土地の入札と資金調達でお世話になった役人と銀行の幹部を接待する。もっとも重要なキーパーソンには、マンションをプレゼントするのが慣例となっている。腐敗で追放された共産党幹部には、数十戸ないし１００戸以上のマンションを所有している人が少なくないが、彼らの正規所得でこれだけ大量の不動産を買えるわけがない。

また、アメリカの西海岸やカナダで豪邸に住み、高級スポーツカーを乗り回す若い中国人のほとんどは、共産党高級幹部の子供である。豪邸やスポーツカーは業者からプレゼントされたものだ。海外での贈収賄は中国国内で発覚しにくい。

搾取されるだけの低所得層

この社会では富が下から上へ吸い上げられるスピードが予想以上に速い。中国の消費を牽引し支えてきたのは一握りの富裕層と中間所得層である。低所得層は搾取されるばかりで、なすすべはない。清華大学の歴史学者である秦輝教授は、中国経済にとっての比較優位は低人権の優位であると指摘している。経済開発において人権を無視できるため、あり得ない低賃金を実現でき、中国は世界の工場になれたということだ。中国では庶民のことを野菜の「韮《にら》」と揶揄することが多い。韮は収穫するとき、根元を残して切って出荷するが、しばらくすると新芽が出てくるので何回も収穫できる。効率がいいという点で、中国の庶民は韮とよく似ているのだ。

　習近平政権が誕生したころ、10年前の中国の大都市はネオンが輝き、高級レストラン前には外国製の高級車がずらりと並び、贅沢三昧の食事を楽しむ高級幹部と会社経営者たちで賑わっていた。10人１卓の食事は飲み物込みで安くても数千人民元、高い場合は数万、数十万人民元も珍しくない。当時の為替レートで考えると、数十万人民元は数百万円になるので、日本の接待ではありえない金額だ。中国の会社経営者からすれば、数十万人民元でそれなりのビジネスの商談が決まると考えれば安いものなのだろう。

　むろん、庶民はこんな贅沢な生活とは無縁である。中国の農家のエンゲル係数（食費÷消費支出）は依然50％以上である。都市部の住民の平均エンゲル係数も40％以上だ。２０２３年10月に亡くなった李克強前首相は在任中の記者会見で、中国には月収が１０００元前後の人口が６億人存在すると述べたことがある。習政権は共同富裕を提唱し、貧困はすでに撲滅したと豪語しているが、少なくとも世界銀行と国連の基準では、中国の貧困問題はまだ深刻な状況にあると言っていい。

　コロナ禍は中国社会に影を落とし、中国人の消費行動も大きく変化している。中小零細企業は相次いで倒産し、大手不動産デベロッパーはデフォルトを起こし、中国経済を牽引するエンジンが失速してしまった。最近の消費者物価指数はマイナス推移となり、内需が大きく落ち込んでいる。経済成長の失速に拍車をかけているのは、習政権による民営企業への締め付けの強化である。同時に反スパイ法が改正・施行され、外国企業は中国にある工場をほかの新興国へ移転している。これらの動きのいずれもが、失業者を増やすことにつながっている。コロナ後、日本にはインバウンドの外国人観光客が戻ってきているが、中国人観光客については思ったより戻ってきていない。多くの中国人は消費より家計を守る貯蓄性向を高めている。

資金調達は借金か地下銀行

中国人の投資行動の特殊性について説明しよう。

中国の金融市場は国有銀行によって独占されている。民間のプライベートセクターには旺盛な資金需要があるが、よほど強い担保資産を持っていなければ、国有銀行から融資を受けることができない。多くの民営企業は「自己資金」によって起業する。民営企業の自己資金とは、自らの蓄えと、親戚や友人からの借金である。日本人は一般的に親戚や友人同士の間でお金の貸し借りをしないが、中国では盛んにおこなわれている。そのぶんトラブルも多いが、ビジネスの助けにもなる。とくに民営企業の場合は私的に投資を受け入れることが多い。

原材料の仕入れや従業員のボーナス支給などで大量の現金が必要になった場合は、往々にして地下銀行からお金を調達せざるを得ない。むろん中国では、地下銀行は違法な存在だが、中小零細企業の資金需要に国有銀行が応えないため、地下銀行は必要不可欠な存在となっている。

中国で、地下銀行がもっとも発達しているのは、民営の小規模製造業が多い浙江省や福建省などの沿海地域である。一般的に地下銀行は地域を跨いで大きく成長する可能性が低い。貸し倒れのリスクを管理するため、地域密着型でなければならないからだ。地域密着型で商売をすると、お金を借りに来るのはたいてい顔見知りの中小企業の経営者になる。お金を借りる経営者も、期日通りに返済しないと地域での名声に傷がつくので、よほどのことがなければ貸し倒れが起きない。

タイやインドなどの新興国でもマイクロファイナンスが盛んであるが、中国ほど小規模製造業が成長していない。例えばスリランカでは、農業関連のマイクロファイナンスが盛んに行われている。主に穀物の種の仕入れ、化学肥料と農薬を購入するために、農民はマイクロファイナンスを利用して資金を調達する。

中国では一部の民営企業がキャッシュフロー管理に成功した。吉利やＢＹＤなどの自動車メーカー、アリババやテンセントなどのビッグテック企業、滴滴出行（配車アプリ）、新東方（進学塾）などは目覚ましい成長を成し遂げた。これらの民営企業が成功した背景には、厳格なキャッシュフロー管理に加え、国有企業との競争を避けてニッチなビジネスに専念したこと、巨大な国内マーケットに立脚していることなどがある。

ネットファイナンスの急成長

中国人のお金の貸し借りについて、近年大きな変化がみられる。従来は地域密着型がほとんどだったが、２０００年代に入ると、インターネットを介して資金の融通が行われるようになった。Ｐ２Ｐと呼ばれるネットファイナンスである。Ｐ２Ｐは２０１０年代以降に急成長を成し遂げた。その背景には、旺盛な資金需要、投資意欲の強い個人、中央銀行の金融引き締め政策、インターネットの普及などがある。

問題は借り手の資格審査がきちんと行われていないため、詐欺などのトラブルも多発していることだ。借り手の資質に加えて、P2Pサービスを提供するプラットフォーマー企業の資質も問われはじめている。もともと中国では金融市場が開放されておらず、金融サービス業への参入は厳しく規制されている。しかし、インターネットというものの特殊性と借り手企業の旺盛な資金需要に加え、一般家計の投資意欲も強いため、P2Pを中心としてネットファイナンスは急成長した。それに対する監督とルール化が追いつかず、トラブルが多発するようになった。

右往左往する投資需要

コロナ禍を経て、中国では貯蓄性向が高まり、投資需要が盛んになっている。しかし、安心して投資できる金融商品が少ないため、中国人の巨額の貯蓄はマグマのようにうねりながら右往左往している。国有銀行を介する金融仲介は非効率であるため、中国における資金配分は極端に効率が悪い。家計の投資行動は、収益性、安全性と流動性のバランスを取りながら、ポートフォリオを最適化すると思われる。日本人は安全性と流動性を大事にする傾向が強いように思われるが、中国人は収益を最大化しようとする傾向が強い。収益性を大事にしすぎるあまり、リスク管理が粗末になる傾向がある。証券投資がその例だが、不動産投資も同じである。不動産バブルの崩壊は、不動産投資を行っている家庭にとっては悪夢となるだろう。

なぜ中国人はリスク管理を粗末にしてまで利益を最大化しようとするのか。中国人が欲張りだからといわれると、そうかもしれないが、これまでの成功体験が背景にあるのかもしれない。この30年間、中国は奇跡的な経済成長を成し遂げ大成功した。そのため中国人は、将来に対して無意識のうちに楽観的になっている。成長するのが当たり前であり、成長が鈍化するのは一時的なことに過ぎないと思っているのだ。将来を見通すバランス感覚に著しく欠けているといえよう。

責任は誰にあるのか？

人間の学習能力はかなり高いように思われているが、実は認知能力は予想以上に限定的である。人間は自らの期待に基づいて、事象を認識しようとする傾向がある。自らの期待に反する事象については、それを認めようとしないことが多い。不動産バブルに関する認識はその典型例といえる。

１９８０年代末、筆者は大学で経済学を学ぶために来日した。当時、ＮＨＫの夜7時のニュースでは毎日のように、好景気が続いているとアナウンサーが述べていた。経済原論の授業では、教授は日本株がもっと上がるだろうと豪語していた。社会主義の中国から資本主義の日本に来たばかりの筆者は株式のことを十分に理解できていなかった。一部の専門家は経済がバブルかどうかは事後的に分かるものと述べている。事実かもしれないが、無責任のようにも思われる。経済学者やエコノミストの仕事は経済バブルを煽ることではなくて、バブル崩壊の可能性について警鐘を鳴らすことだ。

　中国の不動産市場はバブルとなり、すでに崩壊してしまった。むろん、バブルの形成や潰れ方は日米欧のそれとは異なるものになっている。

　基本的にバブルの形成は、政府の失敗によるものと市場の失敗によるものに分けられる。30年前の日本の経済バブルとバブルの崩壊を振り返れば、バブルの後処理については政府の失敗があるが、バブルの原因は市場の失敗によるところが大きい。それに対して、中国の不動産バブルは、不動産を経済成長のエンジンと位置づけたという意味で、政府の失敗によるところが大きいといえる。バブル崩壊後の処理について政府はリーダーシップをとらなければならないが、基本は市場メカニズムに則って透明性を担保しながら処理していくべきである。

不動産開発、あるいは都市再開発を推進することは国土計画の一環といえるが、経済成長を牽引するメインエンジンと位置づけるのは明らかに間違った行為だ。中国政府の経済政策は成長目標の達成、すなわち、成長至上主義を徹底している。中央省庁と地方政府は政府共産党が掲げる成長目標を達成するため、無理に不動産開発を促した。その結果、不動産バブルとバブルの崩壊が起き、マクロ経済の効率も低下している。不動産開発で収益が高まってからは、人々は地道な研究開発を行わなくなってしまった。実は、不動産開発はそれ自体では経済成長を牽引できない。まず経済成長があって、それと相応のスピードで進めていくべきものなのだ。開発で中国の都市面積はどんどん拡張していく一方、農地面積は急速に減少していった。中国は食糧不足という潜在リスクに見舞われている。

習政権にとっての「灰色のサイ」

習主席は過去に何度か「灰色のサイを警戒すべき」と呼び掛けたことがある。灰色のサイとは高い確率で起きる大規模な潜在リスクのことである。中国社会および政府共産党にとって不動産バブル崩壊は間違いなく灰色のサイである。共産党中央執行部は目前に迫るリスクを十分に認識しているように思われるが、その認識を人民と共有できていない。中国では民主主義の選挙が行われていないため、共産党幹部は記者会見を開くのを極端に嫌う傾向がある。記者会見は政治指導者が人民と情報を共有する重要なチャネルであるが、中国では記者会見がほとんどないため、執行部の危機意識は人民と共有されにくい。リスクが危機に発展して、傷が深まりやすい体質になっている。

不動産バブルへの対応としては、バブルになった原因を明らかにし、その後処理を速やかに行うことが重要である。これ以上傷が深まらないようにするために迅速な対応が重要だが、同時に、その透明性と公平性が担保されなければならない。政府がデベロッパーや金融機関の救済に乗り出す場合、どういう手続きを踏まえて救済を行うかの説明責任を果たす必要がある。この点は専制政治の政府共産党にとって一番の難題になると思われる。ブラックボックスのなかで救済作業を行うと、社会の不公平性はさらに増幅する恐れがある。不動産バブルの崩壊は単なる経済の問題ではなくて、習政権の経済運営と政治システムの力量を試される試金石になる。

第7章　マネーゲームと金融危機

チャイニーズドリームの実現

中国の不動産バブルのなかで、どのようなマネーゲームが生じていたのか、中国の金融システムを俯瞰しつつ解説していこう。

理論的に考えれば、不動産バブルは貨幣的現象だ。人々がマイホームとして不動産を購入する場合、それは実需であり、バブルにはなりにくい。一方で不動産投資、とりわけ不動産投機はキャピタルゲインが目的であり、過剰な利益を追求するレント・シーキング（収益を上げるため政府に働きかける行為）が展開されると、不動産価格が大きく上昇し、バブルになりやすくなる。さらに、不動産絡みの政財界の癒着が横行している。習政権は腐敗撲滅を掲げ、数百万人の腐敗幹部が追放されたが、いまだに腐敗の根絶には至っていない。

中国では不動産の証券化が遅れていて、不動産投資や投機については手段が限られている。不動産投資ファンドを設立して出資を募り、大規模な不動産投資を行うことはできない。にもかかわらず、富裕層が大胆な不動産投資を手掛けており、その背景には不動産価格の急上昇に対する期待があった。簡単なシミュレーションをしてみよう。マンションを5戸買って、5年～10年で大きく値上がりしたとする。そうなれば、所有するうちの2戸を売り、売った代金で当初借りた銀行ローンを全額返済、残りの3戸のマンションを所有すればよい。不動産価格はまだ上昇しているので、手持ちの3戸を担保に銀行からより多くのローンを借りて、新規の投資を行う。物件の転売時には取引手数料を払わないといけないが、固定資産税が導入されていないため、不動産を保有するコストはかなり安い。このようなロールオーバー投資に成功した人は投資家となり、チャイニーズドリームを現実のものとした。ただし、不動産バブルの崩壊後、手元にたくさん物件を握っている富裕層は大損を食らっている。富裕層の多くは、中国の不動産バブルが崩壊する可能性はほとんどないとみていた。

中国人社会の横並び意識

　では、富裕層以外の人々はどうだろう。そもそも、不動産価格の上昇を下支えしているのは、個人によるマイホーム購入の実需である。安定した仕事に従事している人であれば、30年の住宅ローンを組み、マイホームを購入することができる。個人の実需がうまれる前提には、失業しないこと、給料が徐々に上昇していくことが挙げられる。現在の中国経済はコロナ禍からの回復が鈍く、明るい見通しは立っていない。富裕層であれば手持ちのマンションを売ってローンを返済すれば、マイホームを手放さなくて済むだろう。１戸しか不動産を購入していない個人は、失業したり給料が減額されれば、必然的にマイホームのローン返済が滞ることになる。中国語で「断供」（ローンの返済ができなくなること）といわれるもので、そのリスクが日に日に現実味を帯びてきている。

20代から40代の世代の「断供」のリスクは増幅しており、中国社会には不穏な空気が漂っている。これは中国版のサブプライム危機と言えるが、本来、年収の低い低所得層は無理に住宅ローンを借りるべきではなかったのだ。

実は、中国人社会は日本人社会以上に横並び意識が強い。もともと中国人は個性が強く、ほかの人と同じ行動を取らなくてもいいと考える人が多いはずである。しかし、１９４９年の中華人民共和国成立以後、共産党に対する忠誠心を求める均質化した教育が徹底されるようになり、若者の個性は失われていった。結果的に中国人社会は、本来の気質と違って横並び意識が予想以上に強くなっている。

たとえば、同じ会社の同僚や大学の同級生が家を買ったという噂が流れると、自分もそこに並ぼうと家を買おうとするのだ。日本人は同窓会などの集まりで友情を温めるというが、中国人にとっての同窓会は互いの仕事と生活を探るのが目的である。どういう家を買ったか、どういう車に乗っているのか、子供は海外に留学しているか、という話題がほとんどである。

中国では不動産バブルでも、この横並び意識が働いた。富裕層は積極的に不動産に投資をし、不動産価格を押し上げた。大勢の個人はその様子をみて、自分の経済力を冷静に考えることもせず、無理にローンを組んでマイホームを手に入れようとしたのだ。

金融機関がバブルを助長した

この不動産開発と不動産投資のバリューチェーンのなかで、バブルを助長する役割を果たしたのは国有銀行を中心とする金融機関だった。繰り返しになるが、中国は貯蓄率の高い国である。国有銀行は利益を上げるため、収益性の高いビジネスを発掘しようとした。そのなかで不動産デベロッパーへの融資や住宅ローン融資は、物件が担保になるので、リスクが小さいようにみえたのだ。国有銀行は不動産関連の理財商品を仲介してシャドーバンク取引を手助けしたが、不動産価格の下落とともに彼らのサクセスストーリーも崩れた。２０２４年１月、新年早々に中国大手シャドーバンキング投資会社の中植企業集団は破産申請を行った。これは不動産バブル崩壊が金融システムに飛び火した幕開けを意味するものである。

この20余年間の都市再開発と不動産開発を振り返れば、政府共産党は暴走する不動産市場をまったく制御できていなかった。中国共産党の関心事はただ一つ、自らの正当性を証明する高い成長率の実現だった。不動産市場がバブルになっても、高い成長率を実現さえできればそれでよしと、政府共産党のポリシーメーカーたちは考えていたのだ。共産党内部の考課システムによれば、各々の幹部、たとえば各省の省長（知事）や各市の市長の業績を評価するもっとも重要な指標は、計画で打ち出された成長率目標を達成できたかどうかである。不動産バブルの形成と崩壊の背景には、すべての関係者のモラルハザードがある。もっとも責任が重大なのは政府のポリシーメーカーである。

不動産バブルはこれらの関係者がつくりあげたマネーゲームだった。バブルが崩壊すればその影響は必ずや金融システムに及び、金融危機を引き起こすことになる。金融危機は、このマネーゲームの参加者にとって悲劇になる。

中央銀行と国有銀行の誕生

ここで中国の金融システムの歴史を概観しておこう。

そもそも経済活動のなかで金融システムは、栄養を体の隅々まで届ける人体の血管のような役割を果たすものである。毛沢東時代の中国では、市場経済型の金融システムは存在していなかった。当時、中央銀行にあたる人民銀行は、発券業務と預金を集める業務を同時に兼ねていた。毎年の通貨発行量（市場経済でいうマネーサプライに相当）と国営企業への資金供給は、すべて国家の経済計画に基づいて行われていた。そこでは過剰な信用創造を行っても、インフレーションになりにくい。物価も政府によって管理されているからである。その代わり、物資は極端に不足していた。大胆にいえば、当時の金融システムは第二の国家財政のようなものであり、人民銀行は政府の出納係のような存在だった。

　そのなかでやや特別な存在だったのは、外国為替業務を専門に担当する中国銀行（Bank of China）だった。中国銀行は海外華僑からの送金を受け取り、香港経由の国際貿易決済などを専門に行う外為専門銀行だった。華僑が中国国内にいる親族に送金する場合、その外貨はすべて中国銀行の口座に入り、国家管理下に置かれる。その対価として人民元を親族が受け取るというわけだ。政府はインセンティブとして「僑匯券《チヨウホイチウエン》」（華僑クーポン）を配布し、華僑の親族は僑匯商店という専門店で、普通の店で買えない外国製品（外国のタバコなど）をクーポンで購入することができた。

1978年、改革・開放が始まった。最高実力者だった鄧小平をはじめとする長老たちは、毛時代の計画経済に終止符を打ち、市場開放を決断した。それに合わせて、金融システムも徐々に改革されていった。

1980年代、人民銀行は発券業務や金融政策を専門に担当する中央銀行となり、市中業務をすべてほかの国有銀行に移管した。人民銀行から移管される市中業務の受け皿として工商銀行（都市金融）、農業銀行（農村金融）、建設銀行（インフラ金融）が作られ、それにもともと営業していた中国銀行（外為業務）の4大銀行体制が出来上がった。これら4大銀行は相互参入が禁止され、それぞれが決められた金融業務に専念する「専業銀行」と呼ばれた。当時の執行部は国有金融機関による競争を極端に嫌っていたようだった。

1990年代に入って、エコノミスト出身の朱鎔基副首相（当時）は経済改革に着手した。当時は物価が高騰しており、朱副首相がまず手掛けたのは金融制度改革だった。4大国有銀行の業務上の垣根を撤廃して相互参入を可能にし、競争を促したのだ。1998年、朱副首相は李鵬首相（当時）のあとを引き継ぎ（李鵬首相は全人代委員長に栄転）、金融に関する法整備にさらに力を入れた。「日本銀行法」を参考にして「人民銀行法」が制定され、日本の「銀行法」を参考にして「商業銀行法」が作成され施行された。これらの法律にはもっとも重要な規定として、いかなる政府部門も人民銀行の政策決定と国有銀行の融資に介入してはならないとの条文が盛り込まれた。中央銀行としての人民銀行と国有銀行の業務展開の独立性が、法によって保証されるようになったのだ。むろん、実際の金融業務のなかで、政府部門による介入は根絶できなかった。中国では政府共産党は法を凌駕しているからである。しかし、朱鎔基首相の改革はまったく無意味だったわけではなかった。人民銀行は政府の出納係ではなくなり、国有銀行同士の競争によってサービスはいくらか改善された。

朱鎔基首相が目指したのは、開かれた市場経済型の金融システムの構築だったように思われる。

当時の世界情勢を振り返ると、貿易収支の黒字の拡大を受け、1996年に中国は経常収支に関する人民元の自由兌換を宣言、IMF（国際通貨基金）8条国に移行した。1990年代末までに人民元の自由兌換を実現する予定だったといわれているが、1997年7月のタイ・バーツの暴落をきっかけにアジア通貨危機が勃発。人民元以外のアジア主要国の通貨はドルに対して大暴落したのだった。当時、性急な金融開放と過度な対米依存が、アジア通貨危機をもたらしたと総括されていた。朱鎔基首相はその後、人民元の自由兌換を断念してＷＴＯ加盟申請に専念することとなる。その努力の甲斐あって、２００１年、中国は念願のＷＴＯ加盟を果たした。

朱鎔基首相が力を入れたのは金融だけではない。のちに急成長を成し遂げたアリババなどのテック企業、不動産デベロッパーの多くは、いずれも朱鎔基時代に創業されたものだった。朱鎔基首相のもっとも大きな功績は、自由な市場経済を実現しながら、関連の法整備に力を入れたことだった。残念ながらその後任の温家宝首相、李克強首相は朱鎔基首相のような迫力がなく、改革は次第にトーンダウンしていった。

不動産バブルが大きく膨らんだのは、金融機関にも責任がある。流動性供給を求める政府部門からの圧力に国有銀行を中心とする金融機関が屈し、国有銀行自らが不動産投資のマネーゲームに加担することになった。朱鎔基首相時代に成立した法律によって保証された人民銀行と市中銀行の独立性は、ここに来てほとんど失われている。

人民銀行は政府に「忖度」する

研究者によると、30余年前の日本の資産バブルの原因の一つは、行き過ぎた金融緩和だったといわれている。１９８５年のプラザ合意以降、アメリカの円高圧力が強まり、大蔵省（現・財務省）と日銀は金融緩和政策を実施、行き過ぎた円高を阻止しようとした。その結果、過剰流動性が生じ、不動産と株式を中心とする資産バブルが起きた。景気の熱を冷やすために、政府と日銀は金融引き締めへ舵を切り、それによって資産バブルは一気に崩壊してしまった。日本では、バブル崩壊の原因は、政府と日本銀行の拙速な金融引き締めだったと批判された。市場経済の国において、バブルとバブル崩壊はその国の金融政策の取り方と密接に関係することが明白である。

では、中国の金融政策はどのように決められ実施されているのだろうか。

前述の通り、中国では政府部門が恣意的に、人民銀行の金融政策の決定に干渉する。中国政府は毎年3月に開かれる全人代で、その年の経済成長率目標を掲げる。その実現に向けて、人民銀行に対して金融緩和を強要すると同時に、国有銀行に対しては融資の拡大を求めるのだ。そもそも、政府部門の介入を排除するために、朱鎔基元首相が主導して「人民銀行法」が制定されたはずだった。その第7条には、「人民銀行は国務院の指導のもとで法律に基づいて独立して貨幣政策（金融政策）を実行する。（略）地方政府、各政府部門、社会団体および個人の干渉を受けない」と盛り込まれている。このなかでとくに強調されているのは人民銀行の独立性である。

だが、実際には人民銀行が、首相の政府活動報告が示す指針を踏まえ、政府共産党の政策方針に「忖度」することが往々にして起こる。

2023年10月、習主席は人民銀行を視察した。国家代表者が人民銀行を視察するのは、中華人民共和国成立以降の金融史において初めてのことである。単純に比較することはできないが、アメリカの大統領がFRBを視察した場合、国際金融市場はどのように反応するのか、想像することすらできない。日本の首相は日本銀行総裁と会合を開くことがあっても、日本銀行を視察することはありえない。中央銀行の独立性が侵害されているというメッセージを世界に発信してしまうからだ。しかし中国では、人民銀行も赤い猫でなければならないのだ。

習主席は人民銀行を視察することで、人民銀行の独立性を害してしまった。むろん本人がそこまで意識しているかどうかは不明である。いずれにせよ現状では、人民銀行は独立性よりも、政府共産党の要請を重視しなければならない。これによって中国の金融秩序が乱れる恐れがあることは明々白々である。

中小零細企業の危機

「人民銀行法」では、金融政策の目的について、通貨人民元の安定を維持することと経済成長を促進することと規定されている。この規定そのものは間違っていない。だが政府共産党の要請に応えて行き過ぎた金融緩和政策を実施すれば、人民元の安定を害する可能性がある。現状においてもっとも可能性が高いのは、政府部門に求められ、不動産市場と不動産デベロッパーを救済するための金融緩和政策を実施することである。これでは、通貨価値の安定を保つことができない。

　失業率が上昇し、消費が冷え込み、需要が著しく萎縮しているなかで、貸し渋りと貸し剝がしも増加している。こうしたなかで金融緩和政策を実施しても、市中銀行（ほとんどは国有銀行）から企業セクターへの流動性は高まらない。この点はかつて日本で起きた貸し渋り・貸し剝がしとよく似ている。

　中国でもっとも流動性不足に悩まされているのは中小零細企業である。中国では、中小企業信用保証制度が整備されていない。資金需要に応える金融機関と金融制度が整備されておらず、多くの中小零細企業は自己資金と地下銀行からの借り入れに頼っている。地下銀行からの借り入れは金利が高いため、従業員のボーナスの支払いなど緊急的な資金需要に対応する時以外、普段は利用しない。このようななか景気が悪化すると、キャッシュフローに問題が生じ、簡単に倒産してしまう。ほとんどの国で共通することだが、中小零細企業はもっとも雇用創出に貢献するセクターである。

中国の金融政策が鈍い理由

中央銀行が実施する伝統的な金融政策は3つある。①政策金利操作、②預金準備率操作、③公開市場操作である。もっとも一般的かつ有効な金融政策といえば、政策金利操作である。FRBはコロナ禍においては景気を押し上げるため、金利をゼロのレベルに下げ、同時に大規模な量的緩和政策を実施した。その後発生したインフレを抑制するため、2023年からは金利を大幅に引き上げている。このような臨機応変な金融政策の実施こそ、中央銀行の役割である。日本銀行はFRBほどダイナミックな政策変更を行っていないが、アベノミクスの成長戦略を援護射撃するために、マイナス金利と異次元の金融緩和政策を実施してきた。

それに対して、中国人民銀行の金融政策は想像以上に鈍い。図表12に示したのは、1980年代末以降の預金金利（1年物）と貸出金利（1年物）の推移である。1990年代前半、中国経済はハイパーインフレに見舞われ、朱鎔基首相（当時）が主導して金利

図表12　中国の商業銀行の預金金利（1年物）と貸出金利（1年物）の推移

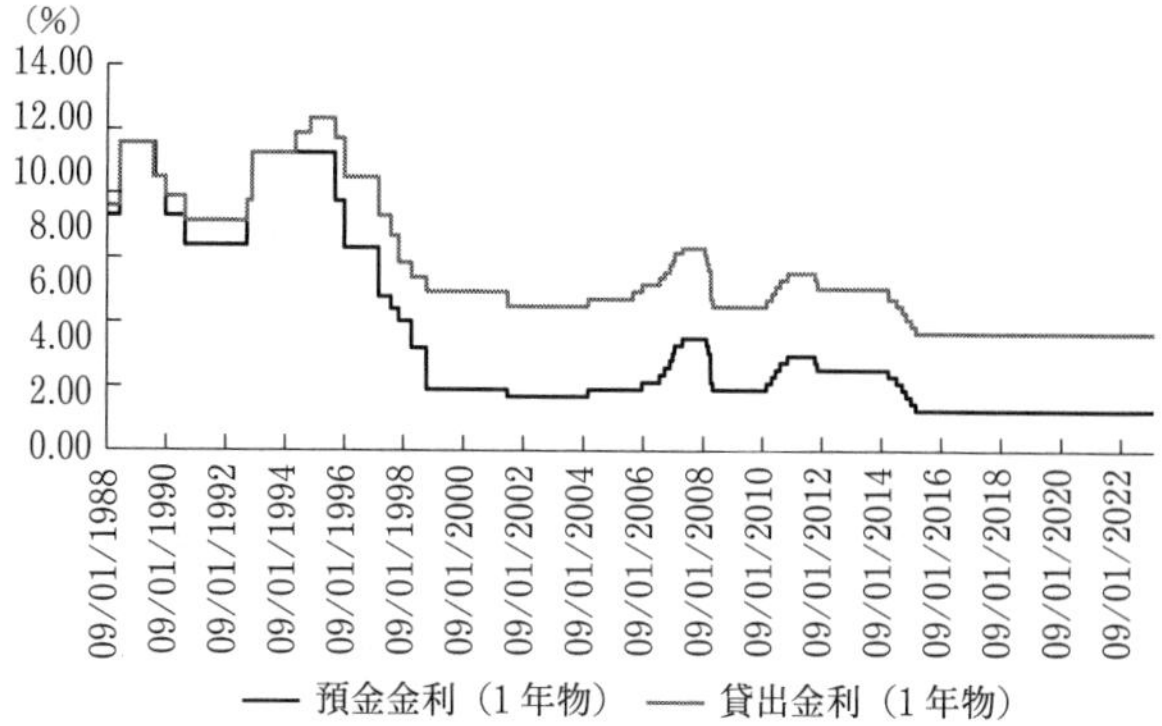

資料：CEIC

を大幅に引き上げた。２０００年代に入ってから、金融情勢は徐々に安定したため、ダイナミックな金利調整はほとんど行われていない。問題はコロナ禍以降だ。中国の景気は予想以上に落ち込んだうえ、不動産バブルが崩壊した。にもかかわらず、大幅な金利調整が依然として行われていない。しかも、預金金利に対して貸出金利が高く設定され、２・85ポイントの利ザヤが確保されている。このような金利政策の取り方は、景気の下支えとしては明らかに効果が薄い。

　世界主要国をみても、市中銀行がこれだけの利ザヤを稼げる国はほかに存在しない。人民銀行は一体なぜ、市中の国有銀行のためにこれほどの利ザヤを確保しないといけないのだろうか。

中国の市中銀行は日本の市中銀行と収益構造がよく似ている。手数料業務の収益が少なく、貸出金利と預金金利の利ザヤに頼っている点である。仮に人民銀行が景気後退局面において金融緩和政策を実施し、大きく利下げを実施すると、市中銀行の収益性は抑制されてしまう。それにより国有銀行の収益が圧縮されると、絶えず生まれる不良債権を引き当てる原資が足りなくなる可能性がある。これこそ人民銀行が臨機応変に金融緩和政策を取らない理由である。

不良債権が生まれる構造

そもそも国有銀行のバランスシートは、絶えず不良債権が生まれる構造になっている。国有銀行の主な融資先は国有企業だが、国有企業は借りた資金を契約通りに返済せず、利払いが滞ることが多いのだ。朱鎔基首相時代、いかなる政府部門も国有商業銀行に圧力をかけ、融資を強要してはならないと「商業銀行法」に盛り込まれたものの、現実をみれば政府部門が国有銀行に融資を強要する事態が絶えることはなかった。

例えば、地方政府が経済成長目標を達成するために、国有銀行に融資の拡大を求めることがある。この要請には国有銀行の地方支店の支店長でさえも拒否することができない。不動産デベロッパーの依頼を受けて、地方幹部が国有銀行支店に不動産開発プロジェクトへの融資の拡大を求めることもある。融資を行うと関係者から賄賂をもらえるため、支店側もその要請に応じることが多い。

　習主席は国有企業をより大きくより強くするように呼び掛けている。単純に同じ業種の国有企業を吸収・合併（Ｍ＆Ａ）すれば、企業の規模自体は大きくできる。すなわち、「１＋１＝２」のゲームである。中国には以前、鉄道の車両メーカーとして南車と北車の2つの国有グループがあった。２０１５年6月、南車と北車が合併して、中車集団が誕生した。同じように、鉄鋼、石油、自動車などの重厚長大産業でも吸収・合併が行われてきた。一方、国有企業を強くするというのは、「１＋１＞２」にすることである。企業の規模を大きくすることは簡単だが、強くすることは難しい。

　中国政府が大型国有企業の吸収・合併を進める狙いは、米経済誌「フォーチュン」が発表する、世界中の会社を対象とした総収益ランキング「フォーチュン・グローバル５００」に中国企業をランクインさせ、習主席が目指す強国復権の「中国の夢」を実現させることにある。ある意味では、習主席の面子《メンツ》プロジェクトともいえる。２０２２年に発表されたフォーチュン500には、中国企業がもっとも多く、136社もランクインした。2位はアメリカの124社だった。

しかし、これらの中国企業は資産規模こそ大きくなっているが、収益性は必ずしもよくない。企業の吸収・合併で収益性を上げるためには、技術力とブランド力を強化しなければならない。中国の大型国有企業は、吸収・合併によって資産こそ「1+1=2」になっているが、収益性は「1+1<2」になることが多い。国有企業のROA(利益率)を測った場合、むしろ低下傾向にあることが分かる。

しかしながら、習主席が国有企業をより大きくより強くすると呼び掛けた以上、国有銀行はそれに応えなければならない。たとえ国有企業の業績が悪いと知っていても、国有銀行は融資を行わざるを得ない。その融資の一部は契約通り返済されなければ、国有銀行にとって不良債権となる。このように、「政策融資」の一部はコンスタントに不良債権になっていくが、これを中国国内では「政策性不良債権」と呼んでいる。国有銀行は不良債権を引き当てるために一定規模の利ザヤを確保しなければならず、人民銀行もこの現実を無視することができないのだ。

こうしたなかで、不動産バブルが崩壊し、国有銀行にとってはさらに多額の不良債権が生まれる可能性が高くなっている。景気が悪くなると、国有銀行の業績もさらに悪化するが、これから生まれる不良債権をどのように引き当てるのだろうか。

過去を振り返ると、朱鎔基首相（当時）は国有銀行の収益力を強化するため、不良債権の切り離しを断行したことがある。具体的には１９９９年、４大国有銀行それぞれ１行につき、資産管理会社（ＡＭＣ）が設立された。国有銀行のバランスシートから各ＡＭＣに不良債権を簿価（Book Value）で移転させ、国有銀行のバランスシートが壊れなくて済むようにしたのだ。４社のＡＭＣは簿価で買い取った不良債権を処理したが、完全に取り立てることができず、穴の開いた部分は段階的に財政から補塡された。このプロセスではインフレーションが一定レベルで維持され、その分のコストが相殺された。逆に、デフレに突入した場合、コストが加算されてしまうリスクが出てくる。

ただ、これから生じる不良債権を、過去のような方法で処理することはできない。４大国有銀行はすでに上場しているうえに、仮に国有銀行と国有企業を救済するにしても、その責任を問わなければならない。なによりも不動産バブル崩壊が原因で生じる不良債権について、政府は財政資金をもって直接補塡することができない。結果的に、国有銀行の収益性が下がり、金融システムリスクが高まる恐れがある。

情報統制で金融危機は防げるか？

局所的な金融危機は絶えず起きているが、中国の金融システム全体が危機に陥る可能性は今のところ高くないと思われる。不動産バブル崩壊によって国有銀行の財務体質はかなり弱くなっているが、中国は非常に大きい国である。国有銀行、とりわけ4大国有銀行は内部管理として、各々の省にある支店（中国では、1級支店と呼ばれ、計31支店がある）を一つのユニットとして経営が行われている。北京にある本店はこれら省レベルの支店間の資金の過不足を調整するが、基本的には各々の省内で資金の融通が行われるようになっている。

金融危機は、情報の伝達によって危機感が広がることで発生する。１９９７〜98年、日本では金融危機が起こり、都市銀行や大手証券会社が相次いで倒産した。きっかけは、S&Pやムーディーズなどの格付け機関が、日本の金融機関の信用格付けを下げたことだった。世界中のマスコミがそれをいっせいに報じ、金融危機に発展してしまった。

中国は日本と違い、政府が情報を統制することができる。たとえば、ある地方の支店で取り付け騒ぎが起きたとしても、その情報が他の地方へ伝わらないようにすることができる。まず、公式メディアは取り付け騒ぎの情報をまったく報じない。個人がＳＮＳに書き込む可能性があるが、それについてはリアルタイムで削除されていく。中国では日常茶飯事だが、かなり有効な措置である。

　例えば２０２３年、秦剛外相（当時）が失踪、のちに解任される事件があったが、中国政府が公式に解任を認めるまで、中国の公式メディアは一切報じなかった。中国国内のＳＮＳで情報を拡散しようとする人もいたが、すぐさま書き込みが削除され、ＩＤも永久に停止された。ごく一部の若者はスマホにＶＰＮをインストールし、インターネットのファイアウォールを突破して海外のＳＮＳを閲覧しているが、トータルの人数は少ないため、大きな「波」を起こすほどではない。

　このような中国政府の情報統制によって、金融危機は局所的なものに留まることが考えられる。もっとも危機に陥りやすいのは中小国有銀行である。これらの小規模金融機関は全体の資金量が少ないうえ、不動産関連融資の割合が大きい。これまでも、地方の中小国有銀行にお金を預けていた個人が、突然預金を下ろせなくなってパニックになるという事態が起きている。人々はその支店の前で抗議活動を展開したが、多くの場合は預金の全額が戻ってきていない。

地方政府はこうした突発的な事件に対処するため、抗議する預金者グループのリーダー役を「社会不安扇動罪」に問う形で連行し、群衆を分散させている。だからこそ中国では、国防費よりも社会治安維持費のほうが上回っているのだ。「点」としての局所的な金融危機はある程度増えていくだろうが、「面」にはなりにくい。

むろん、力ずくでこうした抗議活動を抑えても、危機そのものの解決にはならない。重要なのはすでに不良債権になっている資産を処理して、新たな不良債権が生まれないように、金融監督を強化することである。しかし、それは簡単な作業ではない。国有銀行への融資は一定の割合で不良債権化する構造になっているからだ。朱鎔基改革の初心に立ち返り、銀行融資の独立性を担保して、法治とガバナンスを強化する必要がある。

第8章　イデオロギーの呪縛

毛沢東の生誕を祝う人々

２０２３年12月26日は、毛沢東生誕１３０年記念の日だった。数千人の「毛粉《マオフェン》」（毛沢東崇拝者）が毛の故郷の生家近くの広場に集まり、毛時代の思い出を懐かしく語りあった。一方、同じタイミングで北京の天安門広場にある毛沢東の霊廟（毛沢東記念堂）に、習政権執行部全員が集まり、偉大なる毛の生誕を祝った。実は、この２つのグループには、それぞれ異なる目的があった。

かつて、毛が生きていた時代は、毎年12月26日になると、食料品店の前に生のラーメンを買う人の行列ができた（細長いラーメンは長寿を意味する）。当時の人々の生活は貧しく、ラーメン屋でラーメンを食べられない。多くの人は毛の生誕を祝うため、生のラーメンを買って家でラーメンを作って食べた。中国では誕生日にケーキを食べる風習がなく、細長いラーメンを食べて長生きを祝うのだ。

むろん、今の中国人は政治指導者の生誕を祝うために、ラーメンを食べることはしない。中国人の生活様式は変化し、誕生日にはラーメンよりもケーキを食べるようになった。また、改革・開放の以前と以後を比べると、人々と政治の距離はかなり遠くなった。この点は習執行部にとって深刻な懸念事項となっている。学校教育におけるイデオロギーの政治学習が再び強化されはじめ、習政権は中国社会を毛時代に逆戻りさせようとしているようだ。このイデオロギーこそが、中国経済を長きにわたり縛り続けている要因の１つである。

誰もが貧しく平等だった時代

では２０２３年末、あの数千人の「毛粉」は、どのような意図をもって毛の故郷に集まったのだろうか。

20世紀の三大暴君、毛沢東、スターリン、ヒトラーのうち、もっとも多くの犠牲者を出したのは毛沢東だった。犠牲者数もさることながら、毛の一番の罪は、その統治時代に中国の文化を根こそぎ破壊してしまったことだった。とくに最後の10年では、文化大革命が引き起こされ、学校の先生などの知識人が多数殺されてしまった。毛が引き起こした反右派闘争と文革によって、中国社会では道徳心が荒廃してしまったのだ。中国共産党中央委員会の文献によると、毛が死去した１９７６年の中国経済は破綻寸前にあったとされる。実際は破綻していたのだが。そんな中国を救ったのは、鄧小平などの長老が推進した改革・開放だった。

問題は、過去の記憶は往々にして美化されるということだ。毛時代、人々の生活は想像以上に悲惨なものだった。極端な物不足に陥り、都市部では配給制が取られていた。農村では配給すらなく、芋などで飢えを凌いでいた。今の中国人の食生活は非常に豊かになっており、そのぶん多くの人々は、かつて経験した飢えを忘れてしまったようだ。また、毛時代の中国はみんなが貧しかったため、平等な社会だったと考える高齢の中国人も少なくない。

毛の故郷に集まった数千人の「毛粉」は、目の前で拡大する所得格差に対して不満があり、逆に毛時代の平等な生活を懐かしく思っているのだ。中国人は現政権をストレートに批判することが許されないので、毛の生誕を祝うことで、今の政治に対する不満を表しているのだ。むろん、なかには、毛時代に受けたイデオロギー教育の「洗脳」がいまだに解けていない人もいる。ロシアでも毎年、メーデー（5月1日）や十月革命を記念する日になると、レーニンやスターリンの写真を掲げる高齢者たちが現れる。彼らはレーニン主義・スターリン主義のイデオロギーを本気で信奉しているのだ。

毛沢東は教祖だった

1つ注意するべきなのは、毛時代は誰もが平等だったわけではない。都市部内のミドルクラス以下の階層では確かに格差は小さかったが、共産党高級幹部には特権が認められていた。ただ、あまりにも貧しい時代だったため、共産党幹部への贈賄は今ほどのレベルではなかった。国営企業の場合、工場長に便宜を図ってもらうための賄賂は、せいぜいリンゴやミカンを2～3キロ渡す程度だった。

毛沢東政治の真髄は、究極の禁欲主義である。禁欲主義はキリスト教の布教活動の一環として、中世のヨーロッパで広まったが、毛が提唱した社会主義も宗教のようなものだった。毛はマルクス主義を信奉する共産党指導者ではなくて、教祖のような存在だったのだ。民主主義の政治では、大統領だろうが、首相だろうが、それに対するガバナンスが重要である。しかし宗教では、教祖は神の子であり、教祖に対するガバナンスはタブーである。

１９７８年、鄧小平をはじめとする長老たちが毛の政治を総括した際、毛を祭壇から下ろして政治指導者と位置付けた。政治指導者だからミスも犯したということにしたのだ。これ以降、政治指導者を教祖と祀ること、すなわち、個人崇拝は禁止された。確かに鄧小平に対する個人崇拝はほとんどなかった。１９８９年6月に起きた天安門事件で、学生や市民の一部はプラカードで鄧小平のことを「小平」と書いた。中国語では、相手の名前を省略するのはかなり親しい間柄に限られる。仮に毛時代、毛沢東のことを沢東と読んだり書いたりすれば、間違いなく投獄されたに違いない。

毛沢東生誕記念日の話に戻ろう。あの日、天安門広場にある毛沢東の霊廟に向かい、毛の生誕を祝った習政権の執行部は、数千人の「毛粉」たちとは全く別の目的をもっていた。彼らは文革時代の紅衛兵世代で、毛のイデオロギー教育を受けた世代の代表だった。彼らは今の中国政治のなかで、毛を利用できると思っているのだ。習主席自身の言葉で表現すれば、「毛沢東は中国人を解放した。鄧小平は中国を豊かにした。習近平は中国を強くしていく」という論理である。習主席は毛をうまく利用すれば、自らの正当性を高めることができると考えているようだ。むろん、中国を強くするために、習主席は共同富裕の夢を実現して、貧困を完全に撲滅する必要があるのだが。

鄧小平の「猫理論」

40年前、改革・開放政策をはじめるにあたり、鄧小平は「猫理論」を提唱した。「白猫だろうが、黒猫だろうが、ネズミを捕る猫がいい猫だ」とする、リアリストの鄧小平らしい考えだった。実は、鄧小平のこの「猫理論」は、毛沢東のイデオロギーに完全に抵触するものだった。

かつて毛は、「資本主義の苗よりも、社会主義の草のほうがいい」と提唱したことがある。資本主義を信奉する知識人の技術や知識よりも、農民や労働者の勤勉さが重要だという意味である。晩年の毛は学校教育をすべて停止させ、大学に進学する若者は試験で合格者を選ぶのではなくて、労働者と農民出身の若者を推薦で選ぶことにした。これらの若者は中国で「工農兵学員」（労働者と農民と兵士出身の大学生という意味）と呼ばれている。

習主席も「工農兵学員」として選抜され、清華大学に進学した。国家主席に就任してからは、独自の「猫理論」を提唱している。「ネズミが捕れるかどうかは重要ではなくて、赤い猫でなければならない」というものだ。これは鄧小平の「猫理論」を完全に否定し、毛のＤＮＡを継承している。

中国経済がぶつかっている壁

鄧小平の「猫理論」は、人々に働くインセンティブを与えるものだった。習近平の「猫理論」は、共産党、あるいは習主席自身への忠誠心を喚起するためのものである。

１９７０年代末、中国経済は破綻状態にあり、共産党指導体制は持続できなくなる心配があった。そうしたなかで鄧小平の理論は生まれた。一方、今の中国では共産党指導部の求心力が低下し、共産党指導体制は危機的な状況にある。そうしたなかで習近平の理論は生まれた。したがって、鄧小平の「猫理論」と習近平の「猫理論」は、必ずしも矛盾するものではない。どちらも共産党指導体制を維持するための理論である。

しかし、冷静に考えると、この2つの理論は持続可能なものではない。鄧小平の理論が行きつくところは、公有制が壊れ、私有化を中心とする資本主義路線である。社会主義体制の柱の一つは土地の公有制である。それを私有化することは共産党として絶対に認めることができない。したがって、鄧小平理論は中国経済をキャッチアップさせることはできるが、持続的に発展させることはできない。

中国経済がぶつかっている壁はまさに共産党指導体制と財産の公有制である。習政権は壁を回避しようとしているが、共産党指導体制を強化し、公有制を堅持していくと、かつての毛沢東時代と同じように経済成長は停滞していく。経済成長が停滞すれば、結局のところ、共産党指導体制が弱体化するというジレンマが生じる。

2023年12月、習主席は談話を発表し、そのなかで景気回復の勢いを強固なものにすると呼び掛けた。しかし、自らにかかったイデオロギーの呪縛を解かないと、中国経済は成長軌道に戻れない。猫の色はどちらでもいいが、その足を縛ったままでは、ネズミを捕ることはできないのだ。中国は資本主義の市場経済の道を歩む必要がある。そうでなければ、習主席が呼び掛けた強国復権の夢は、単なる絵に描いた餅となってしまうだろう。

習主席の「共同富裕」の夢

毛時代の中国では、同じ国営企業の工場長でも労働者でも、その生活には大きな差はなかった。労働者からみると工場長の家は確かに広いが、自分は平の労働者なので、多少狭い家でも納得できる。市長などの高級幹部は桁違いに広い家に住んでいたが、労働者はそれを知る由もない。人々は目にみえない格差に強い怒りを覚えない。工場長と労働者で持っている自転車を比べても、せいぜいブランドが違うだけ。食べるものもそれほど変わらなかった。当時の中国では農薬と化学肥料は貴重品だったため、市場で買う野菜はオーガニックがほとんどで、残留農薬の心配はなかった。また、養鶏場がなかったため、肉屋で売っている鶏肉はほとんど地鶏だった。むろん、労働者は給料が安いため、工場長と比べるとたまにしか鶏肉を買うことができなかったかもしれない。

この40余年間、中国経済は高成長したが、そのぶん格差も拡大した。中国のスーパーで買える野菜や果物のほとんどはオーガニックのものではない。たとえ値札に「有機栽培」と書かれていても、あまり信用はできない。低所得層の食生活をみると、食料不足の心配こそなくなったが、食の安全性は担保されなくなった。２０２４年の元日、中国国内のＳＮＳを閲覧していて、ある書き込みを発見した。「我が国では、もっとも危険なのは口である。毒のある食材を食べ、しゃべる言葉によっては罪に問われる」。素直に笑うことのできないブラックユーモアだった。インバウンドで日本を訪れる中国人が一様に感じるのは、日本の食の安全性であるといわれている。

日本では、よく「安心・安全な社会づくり」という言葉を耳にする。中国も安心・安全な社会づくりを実現できなければ、共産党指導体制の明日はない。

習主席は中国国内に向けて共同富裕の夢を実現するよう呼び掛けている。39年前、鄧小平は人々の働く意欲を喚起するため、一部の人が先に豊かになるのを認める「先富論」を提唱した。これは毛時代の平等主義に抵触する考えだが、働く意欲を喚起するうえでは有効な政策だった。問題は、一部の人は先に豊かになったが、ほかの大多数の人は豊かになれず、格差が急速に拡大してしまったことだ。これは社会不安をもたらす一因にもなる。習政権の責務の一つはいかにしてみんなを豊かにするかである。

これまでの40余年間で、年平均経済成長率は9％前後に達した。これだけの高成長を実現させたのであれば、ある程度の格差の拡大は仕方ない。問題は、中国では生活保障を中心とする社会保障制度が十分に整備されていないことだ。本当の意味での共同富裕を実現させるのであれば、所得を単に平等にするだけでなく、低所得層の生活保障も強化しなければならない。

富は権力に集まる

中国で格差が急拡大したのは、単に経済成長が速すぎたからではない。格差の拡大をもたらした本源的な原因は、富の配分が権力の中心を軸に行われていることである（図表13参照）。権力の中心にもっとも近いのは共産党高級幹部だ。共産党幹部はその特権によって、ほかの人に比べてより多くの富を支配できるようになっている。

日本では、総理大臣が病院で病気をみてもらうとき、普通の人と同じように医療費は自己負担になる。首相官邸は別として、私邸は普通の人と同じように、固定資産税を納めないといけない。マンションの場合、管理費や修繕積立金も払わないといけない。

それに対して中国では、大臣以上の高級幹部が病院で病気をみてもらう場合、自己負担

図表 13　中国における所得分配の基本的構図

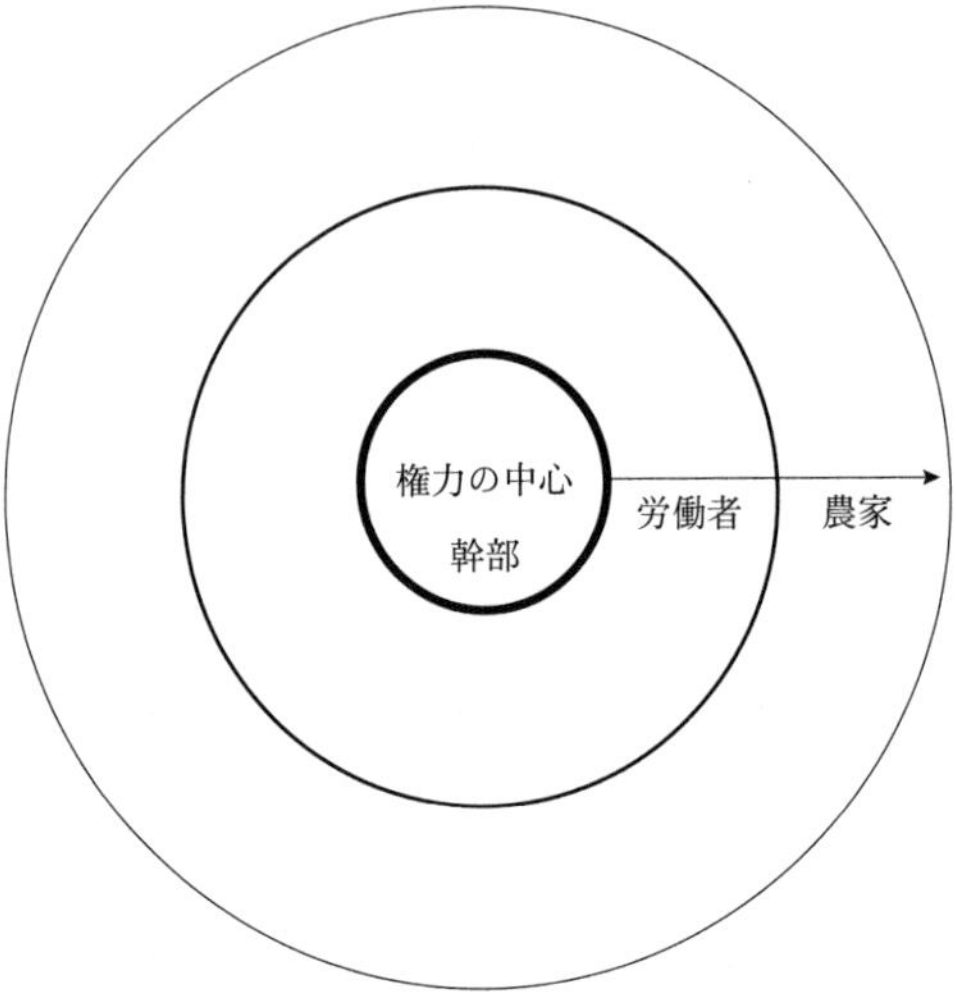

資料：筆者作成

注：中国における所得分配は権力の中心を軸に、それとの距離が近いほど有利になる。逆にそれとの距離が遠ければ、不利になる。

率はゼロである。住んでいる家も国が用意してくれ、家賃も管理費も発生しない。普段の食材は国が特別供給するので、シェフも国が派遣してくれる。国の政策を決める高級幹部は庶民の生活難を味わったことがない。これでは、不動産バブルと不動産バブル崩壊に適切に対処できるとは思えない。そもそも不動産バブルをもたらした原因の一つは、共産党幹部の特権である。デベロッパーの不正な土地の入札と不動産開発は、共産党

図表14　中国のジニ係数の推移（2006〜22年）

資料：中国国家統計局

注：ジニ係数は所得分配の不平等さを表す指標であり、その値が小さい場合、所得格差が小さいことを意味する。逆に、その値が大きいほど、所得格差が大きいということになる。

高級幹部のサポートなくして実現できなかった。

図14に示したのは、中国国家統計局が公表しているジニ係数である。ジニ係数は所得格差を表す指標で、0・3程度であれば、社会不安が起きないといわれている。0・4以上に達すると、社会は極端に不安定化する恐れがある。少なくとも中国社会の現在のジニ係数は、とっくに臨界点を遥かに上回っている。

政府共産党は今の中国社会を社会主義と定義しているが、これだけの格差をもとに考えると、歴然とした特権階級社会だといえよう。このような社会のままでは、人民の不満がさらに高まる可能性が高い。中国で共同富裕を実現する一番の近道は、共産党高級幹部の特権を剝奪することである。

不動産市場の歪み

中国での不動産市場のバブルは、偶然に発生したものではない。仮に中国が計画経済を続けていれば、不動産市場のバブルは起きなかっただろう。計画経済では、どんなに需要不足が深刻化しても、政府はその価格をコントロールすることができる。しかも、土地の入札は行われず、政府による分配が行われる。たとえ政府による土地の分配に種々の問題があったとしても、バブルにはならない。極端な例をあげれば、北朝鮮のような国では不動産バブルは起きないだろう。北朝鮮政府が主導してタワーマンションを建設しても、それは金正恩に忠誠を誓っている政府高官に対するご褒美として与えられ、市場で取引されるものではない。

バブルの始まりは、中国の不動産開発が市場経済化したことだった。市場原理を取り入れなければ、中国の不動産開発はここまで進まなかった。むろん、不動産バブルも起きなかったことだろう。中国は不動産開発に市場原理を取り入れる際、関連のルール、すなわち、制度をきちんと整備しなかった。そのため一連の取引において随所で不正行為が発生し、不動産マーケットが歪んだ形で発展することになった。

不動産市場の歪みと、株式市場の歪みはよく似ている。一部の専門家は、中国の不動産市場が1990年代の株式市場とよく似ていると指摘している。中国では、株式市場が設立されてから33年が経過した。その間、幾度も株式投資のブームがあったが、株価はすぐに大暴落し、個人投資家は大損した。インサイダー取引などの不正が横行したからである。市場経済は市場を設立するだけでは不十分であり、法律が機能して、ルールが遵守されないと、市場メカニズムが正常に機能しない。

個人投資家と機関投資家は一攫千金の夢をみて不動産投資を行い、ルールを無視する特権階級は不正行為により大儲けした。そのなかで地方政府も巨額の財源を得た。しかし、マイホームを購入して幸せな生活を送ろうとした一部の個人にとって、目の前にあるのは悪夢である。住宅ローンを借りて購入したマイホームは未完成のままで、いつ入居できるかもわからず、それでも住宅ローンの返済は迫ってくる。今借りている家の家賃も欠かさずに払う必要があり、いわゆる二重苦を食らっている。

日本人からみると、なぜ家の引き渡しが行われる前に、銀行は住宅ローンを実行したのかが不思議だろう。日本では、マンションでも一軒家でも物件を買うとき、契約の段階で手付金を払わないといけないが、住宅ローンが実行されるのは物件の引き渡しと同じタイミングである。中国の銀行は未完成の物件であっても、時期がくれば住宅ローンを実行する慣習がある。物件の引き渡しの前に住宅ローンが実行されるのは、明らかに手続きと制度の設計ミスによるものといわざるを得ない。

デベロッパーは落札した土地を担保に銀行から資金を借り入れ、開発に着手する。それと同時に、物件の販売を開始する。銀行からの借り入れと物件の販売代金をもとに開発を進めれば、本来なら開発資金がショートすることはめったにない。しかも、物件の販売代金にはデベロッパーの「合理的な利益」が含まれているため、資金には十分な余裕があるはずだ。

したがって、開発が頓挫する可能性が高くなるのは、デベロッパーが資金流用などの不正行為をおこなった場合である。また、市場の需給を見誤り、物件の販売が思うように進まずに開発代金がショートすることもある。こうしたなかで政府部門の監督が機能していないのはやはり問題である。リスク管理として不十分だったといわざるを得ない。

２０２４年１月29日、香港高等法院（高裁）は恒大集団に清算命令を出し、実質的に法的整理の手続きに入ることを決めた。

心配されるバブル崩壊の後遺症

中国の不動産バブルとバブル崩壊は、不完全な市場経済によってもたらされたマネーゲームが発端だったといえる。大多数の関係者は市場動向について楽観的な見方を示していた。不動産価格は上昇するものだと、ほとんどの人が期待していたのだ。

デベロッパーは不動産価格が下落しないと見込んで、開発の規模を拡大させるだけでなく、他業種への進出も加速させた。往々にして経営者はビジネスが順調に拡大する局面において、その多角化を考えがちである。銀行も同じような期待に基づき、不動産関連の融資を増やした。デベロッパーはより多くの融資を受けるために、銀行の支店長などの幹部に賄賂を贈った。デベロッパーと銀行は、同じボートに乗っているからと、互いに安心していたのだ。政府も経済成長を重視していたので、不動産開発のマネーゲームの拡大を見て見ぬふりしていた。共産党にとって経済成長は、その業績を評価するもっとも重要な指標だった。

これから心配されるのは不動産バブル崩壊の後遺症である。不動産バブルが崩壊すると、ーのバランスシート、一般家計のバランスシートのいずれもが影響を受けることになる。経済成長の減速を習政権は認識しているはずだが、不動産バブル崩壊の後遺症の深刻さについては、十分に認識しているかどうか定かではない。

かつての毛時代の計画経済であれば、政府はそのコストをすべての人に均等に負担させることで、困難を乗り切れたかもしれない。だが、今の中国経済はかなり開放された市場経済になっており、その運営は不完全ではあるが、基本的に市場メカニズムに則っている。政府の歳入と歳出は計画的に実行することができるが、国有銀行のバランスシートに大きな穴が開いてしまうと、それをごまかすことは簡単ではない。

中国の大手国有銀行のほとんどはすでに株式を上場している。不動産デベロッパーが借り入れているのがすべて国内債務であれば、それをごまかして処理できるかもしれない。たとえば責任者を逮捕すれば、債務について損切りすることができる。しかし、多くのデベロッパーは外債を借り入れているため、期日通りに返済できなければ倒産してしまう。2023年12月、ムーディーズは中国の信用格付けの見通しを下げた。このまま行くと、中国にとって新規の借り入れはコストが上がり、すでに借りている債務のロールオーバーも難しくなる。現段階では、中国がすぐに債務危機や金融危機に見舞われるとは断言できないが、中国経済がかつて経験したことのない難局に直面しているのは間違いない。

共産党一党独裁と市場経済は両立できるか？

　これまでの40余年間、中国共産党は改革・開放を推進してきたが、資本主義の道を歩むとは一度も明言したことがない。リアリストの鄧小平は資本主義を経済成長の道具として利用しようとしたが、共産党指導体制は堅持しなければならないと、生前に繰り返し強調していた。

　中国共産党は党大会のたびに、中国の経済システムが「中国特色のある社会主義市場経済」であると再確認する。この言葉の一番曖昧な点は「中国特色のある」という部分である。中国の特色とは何を意味するものだろうか。大胆に解釈すれば、それは「共産党一党独裁の政治体制」が前提だということなのだろう。経済がどんなに発展しても、中国政治指導者は絶対に民主化を口にしない。

　では、共産党一党独裁の政治体制と市場経済は両立できるものだろうか。今までの経験と理論的な分析を踏まえると、両者は水と油の関係にあり、両立できないことが明々白々である。１９７０年代末、経済の落ち込みによって共産党一党独裁の政治体制が危機に陥り、改革・開放へ舵が切られた。経済活動に自由が与えられ、共産党による統制は一歩、二歩と引き下がったのだ。経済活動においての自由は、生物にとっての酸素のようなものである。統制経済が最終的に破綻するのは、酸欠状態になった生物が死んでしまうのと同じ理屈だ。政府が経済を完全にコントロールしようとすると、市場メカニズムは機能しなくなり、資源配分も非効率になる。習政権になってから中国経済が急減速している背景には、資源配分の著しい歪みがあるだろう。

改革・開放路線によって部分的に自由化が認められ、そのぶん経済は大きく成長した。しかし、習政権になってから再び中央集権が強化されている。前掲の図表１（25頁）に示した実質ＧＤＰの伸び率で確認できるように、２０１３年以降、中国の経済成長率は減速するようになった。政策の失敗に加え、民営企業にとってビジネスを展開する自由が狭まった結果だと認識すべきである。

統制と自由化の間で

中国の不動産バブルの崩壊は、30年前に日本が経験した経済バブルの崩壊と並べて議論されるべきではない。中国のバブル崩壊は基本的に、共産党一党独裁の社会主義体制と市場経済の不釣り合いが引き起こしたものだ。30余年間続いた経済成長によって、習政権が始まった頃の中国には膨大な蓄えがあったはずだった。しかし、習政権は次第に、民営企業や外資系企業のビジネスの自由度を制限しはじめた。経済成長を続けるならば、市場経済の制度を整備し、市場メカニズムがきちんと機能するようにしないといけない。残念ながら習主席は違う考えを持っていた。経済にこれ以上自由を与えると、共産党幹部の腐敗はさらに増幅し、共産党指導体制が不安定化すると心配して、経済統制を強めている。

むろん、経済成長率が大きく落ち込むことがあれば、習政権は振り子のように、経済政策を改革・開放の方向へ少し戻すこともあるだろう。ただ、大きく振り切ることはありえない。これからの中国経済を展望すると、統制と自由化の間でふらふらしながら推移していく可能性が高い。かつてみられた中国の奇跡は、当面現れることはないだろう。

中国経済はアメリカ経済に追いつき追い越すと、マスコミでは一時期話題になった。しかしながら、現在の習政権の政策運営を続けたままでは、中国経済がアメリカ経済を凌駕することはないだろう。自由な市場経済へ舵を切れば、中国経済は再び成長軌道に戻るかもしれないが、その兆しはみられない。

第9章　コロナ禍が遺したもの

ゼロコロナ政策の混乱ぶり

かつてアメリカの社会学者は、ベトナム戦争がアメリカ社会に与えた影響に関する調査を実施したが、その悪影響は思ったより深刻だった。ベトナムから帰還した元兵士たちの多くはメンタルを病み、自殺者も多かったと報告されている。しかも、こうした影響は次の世代にまで及び、違法薬物関連の犯罪横行はその一例だった。目にみえない影響が長引き、アメリカ社会を深刻な不安に陥れていた。

コロナ禍による人々の生活への影響についても、これからの分析が待たれる。とくに中国ではコロナ禍に対処するため、暴力的ともいえるゼロコロナ政策が3年にわたり実施されていた。たとえウィルスに感染していなくても、近隣住民のなかに感染が判明した人がいれば、強制的に施設に隔離されることとなった。最大の商業都市である上海を含めて大規模な都市封鎖が実施され、食料品の供給を含むライフラインまで寸断された。感染者数が急増すると医療施設は医療崩壊に陥り、持病のある患者は治療を受けることができなくなった。こうして命を落とした例は多数報告されている。

我々には想像できないことだらけだが、いくら独裁政治の国家とはいえ、なぜここまで厳格な都市封鎖が実施できたのだろうか。当時、中国ではほとんどの大都市で外出禁止令が敷かれていたが、政府や役所は人々が携帯電話にインストールしているアプリを通して、彼らの行動を厳しく監視することができた。街中で白い防護服を着た役人たちとみられる人々が、24時間体制で住民の行動を監視していた。

また、中国政府は毎日のようにＰＣＲ検査を人々に強要した。何時間も行列に並んで検査を受けさせられ、人々は心身ともに疲弊していった。ＰＣＲ検査は感染者を見つけるための措置だが、ここまで大規模な検査を実施する必要はなかったはずである。検査施設の能力を上回る検体が採取されたため、検査せずに検体が捨てられた事例まで報告されており、現場の混乱ぶりを窺うことができる。

２０２２年11月、強引な隔離措置と都市封鎖措置に我慢できなくなった市民や学生たちが立ち上がり、大規模な抗議活動が繰り広げられた。上海の市民は「打倒共産党！　習近平退陣！」とまで叫ぶようになった。習政権は急遽、「封控措置」（強制的な封鎖・隔離措置）を解除したが、その反動で感染者数が一気に増加した。すでに医療崩壊に陥っていた病院は感染者で大混雑することになる。海外から治療薬はほとんど輸入されておらず、高齢者を中心に犠牲者が急増した。中国政府は批判を恐れて当時の死亡者数を過少報告しているとされる。いまだに実際の被害状況は明らかになっていない。当時、中国国内のＳＮ

Sに書き込まれた情報をみると、火葬まで1週間以上待たされるのは普通だった。ただし、死亡者に関する書き込みをすると、その書き込みはすぐさま削除され、アカウントは永久に停止されることになった。

コロナ禍は中国社会を大きな混乱に陥れた。その後遺症は今もなお続き、中国経済に影を落としている。

海外に移住する中国人が急増

コロナの終息後、東京の銀座などの繁華街には外国人観光客が戻ったが、そのなかで中国人の割合は低いようにみえる。コロナ後の中国経済は思ったより回復の力が弱く、失業率も上昇していて、海外旅行に出かける中国人は少ないのだ。一方、富裕層、中所得層、低所得層を問わず、海外に移住しようとする中国人は急増している。

中国の富裕層にはもともと、欧米諸国の永住権を持っている人が多い。彼らは複数の不動産を所有しており、物件を売りに出して、それで得た資産を海外に送金している。中国は資本移動を自由化しておらず、規定では、1年間に1人当たり5万ドルまで海外へ送金することができる。富裕層は親戚の送金枠を利用する人が多く、彼らにとって規制を潜り抜けることはそれほど難しくない。

中所得層には自営業者が多いが、コロナ禍により会社が倒産したため、所有している不動産を売って海外へ投資移民する人が多い。欧米諸国は投資移民の申請者に対して永住権を付与する国が多いので、海外移住はそれほど難しいことではない。中所得層の間で人気が高いのはカナダやオーストラリアなどである。

低所得層の人々の一部も中国での生活に失望し、限られた現金を持って海外に移住しようとしている。中国のパスポート保持者にビザを免除している中南米の国へ出国し、陸路でメキシコを経由しアメリカへ密入国することが多い。アメリカ当局によると、メキシコからアメリカに密入国しようとして拘束された中国人は、２０２３年から急増している。

中国経済は減速しているとはいえ、まだプラスの成長を続けている。それにもかかわらず、これほど多くの中国人が海外に移住しようとしていることから、中国社会、政治と経済に対する人々の絶望の深さが窺える。

習政権によって共同富裕や強国復権の夢が提唱されているのに、これだけの中国人が大挙して海外へ移住しようとするのは尋常なことではない。富裕層と中所得層が不動産を売りに出していることも、不動産バブルの崩壊に拍車をかけている。平時において、政府の統治能力を判断するのは難しいことだが、有事のときは政府の能力が一目瞭然となる。コロナ禍が中国社会に与えたもっとも深刻な影響は、人民が政府を信用しなくなったことである。信用が崩れた社会では、生涯の蓄えを使って不動産を購入しようとする人はいなくなるだろう。

市場経済は「信用」の経済

統制された計画経済は、政府の権力の強さによって成り立っている。強権的な政府がなければ、経済計画の目標は達成されにくいと考えられている。それに対して、市場経済を成り立たせているのは、信用される政府と、人々が互いに信用する市場環境である。市場経済は「信用」の経済だ。市場取引の基本は取引参加者が必ず契約を守ることである。

これまでの40余年間、政府共産党は経済成長を目指してきたが、人民との信頼関係の構築には十分に気を配っていなかった。一つの社会で信用が成り立つためには、法による統治の確立、政府が約束を守ることが必要な条件となる。市場取引の契約が軽々と破られ、政府の朝令暮改が続くなかでは信用は成り立たず、経済成長は持続することができない。結局、政府共産党が掲げた高い経済成長は、絵に描いた餅になっている。

マルクスとレーニンが提唱した共産主義は、共産党一党独裁が前提である。一つの政党が政治を支配すると、ガバナンスが機能しなくなる。いかなる政党も法律を凌駕するようになれば、政治は約束を守らなくなり、信用が崩れてしまう。

中国は2001年にWTOに加盟したが、世界主要国はいまだに中国を市場経済国と認めていない。これについて、中国政府は先進国による差別だと反論している。市場経済ではプレーヤーが市場のルールを遵守しないといけない。先進国からみると、中国国有企業は市場のルールを遵守していないのだ。また、WTO加盟を申請していたとき、中国政府は市場の全面開放を約束したが、いまだにその約束は果たされていない。もっとも深刻な問題は、中国政府が契約をきちんと履行せず、約束を守っていないとみられることである。この点は米中対立が激化するきっかけにもなった。

契約関連のトラブルが多発

前述した通り、中国では賃貸のマーケットが育っていない。その原因も、契約がきちんと履行されないことにある。大家と借り手は互いを信用せず、事実、契約関連のトラブルが多数報告されている。中国人大家は外国人の借り手には喜んで貸すが、中国人の借り手に貸したがらないことが多い。実に残念なことである。

法律、ルール、契約。そのいずれもが市場経済の基本である。これらの決まりが恣意的に変更される状況下では、市場経済は確立することができない。不動産開発は単に、マンションなどの住宅を建設したら終わりではない。不動産の取引、アフターサービス、住宅ローンの返済、マンションの管理……そのすべては契約によって成立する。建設され売られた物件に問題があった場合、その補償はどうなるのか。契約がきちんと履行されない現状では、個人にとってマイホーム購入は大きなリスクとなりえる。

業界内でもトラブルが絶えない。デベロッパーからの、下請けの建設会社や工務店に対する支払いが滞ることが増えている。ＳＮＳを覗いてみると、建設会社や工務店に勤める多くの労働者が、給料や残業代の遅配に対して抗議活動を展開している。一方、資金不足により、建設会社と工務店による手抜き工事、品質の悪い建材の使用も散見される。物件が買い手に引き渡されるとき、外観には問題がないものの、居住後に水漏れなどの欠陥が明らかになるケースが少なくない。

不動産開発および不動産取引をめぐるトラブルは、単なる不動産業の問題ではなく、中国社会に内在する信用危機の表れと理解されるべきである。中国では共産党一党独裁の政治が堅持されているため、野党が実質的に存在しない。マスコミは政治を批判することができないため、ガバナンスが機能していない。不動産関連の理財商品で大損を食らった人々は、裁判所や政府機関に訴えても聞き入れられることはない。マイホームを購入したものの、いつまで経ってもマンションが完成せず、途方にくれている人々もいる。不動産バブルの崩壊は中国の社会危機の縮図であるといえる。

スマホを使った大規模な監視システム

　3年間のコロナ禍を経て、中国はジョージ・オーウェルの『１９８４』の世界とたがわぬ監視社会に変わってしまった。中国政府は感染者と接触した人を特定・追跡するために専用のアプリを導入した。各々スマホにインストールされた専用アプリの位置情報をもとに、所有者の感染の可能性について、危険（赤）、要注意（黄色）、安全（緑）というふうに分類された。

　中国はＩＴ大国であり、インターネットの利用者は10億人を超えている。そのほとんどはパソコンではなく、スマホを使ってインターネットにアクセスしている。中国政府は地場のベンダーが開発したソフトを利用し、人々の行動を厳しく監視している。これほど大規模な監視システムの導入と実験は、人類史上はじめてのことである。平時にこのような監視システムを導入していれば、プライバシーの観点から猛烈に反発されていただろうが、中国政府はコロナ禍という非常時を利用した。中国では、社会にとって正しいことをするならば、法を無視してもいいという暗黙の「合意」がある。政府が人権を無視するような行動をとっても、感染拡大防止という観点から許される空気があった。

中国政府にとってコロナ禍は、スマホアプリを使った監視システムが機能するかどうかをテストする絶好のチャンスだった。地場ベンダーが開発した監視システムは、健康コードをチェックする段階で多少のトラブルと混乱があった。一番多く報告されたのは、感染者との距離の条件が厳しすぎて、本来は緑（安全）のはずの人も黄色（要注意）になってしまう事例だった。一旦黄色になると、緑に変わるのに1週間以上待たなければならず、その間の行動は制限されてしまうことになったのだ。

政府部門にとって現場での混乱は重要なことではない。人々の行動さえ追跡できれば、それでいいと考えているはずだ。結果的にこの監視システムは、人々の行動を監視する意味では期待以上の効果を発揮した。

中国のリベラルな知識人たちは危機感を抱き、中国が監視社会になることに警鐘を鳴らそうとした。しかし、ＳＮＳで批判を書き込むとすぐに削除され、アカウントも永久に停止されてしまうので、一様に沈黙するしかなくなった。彼らはサイレント・マジョリティ（声なき多数派）と呼ばれているが、その存在もコロナ禍の後遺症だといえる。

「良薬苦口」を忘れてしまった習近平

共産党内部においては、組織の劣化が進んでいる。

かつて、朱鎔基首相の時代、政府は国有企業改革を進めるため、米国スタンフォード大学の経済学者ローレンス・ラウをはじめとした海外の専門家をアドバイザーに迎えた。海外の専門家からのアドバイスは、国有企業を株式会社に転換し、経営責任を明確にすることだった。当時の共産党内部では、国有企業を株式会社化するというのは国有企業の私有化を意味するものであると批判が出た。最終的に朱首相は、株式会社化された国有企業の株の半分以上は国が保有するとして、保守派の共産党長老の反対意見を封じ込めることに成功した。このように多くの議論を重ねて切磋琢磨し、改革は一歩ずつ前進していったのだ。

一方、現在の中国はどうだろう。政策決定のメカニズムを見れば、習主席からのトップダウンが主で、下からの政策提言はほとんどなされていない。とくに専門家がアドバイスを述べる機会はなくなり、政権は間違った政策を修正する力を失った。中国経済がデフレに突入しているなか、消費を刺激しないといけないのは誰がみても明々白々だが、いまだに有効な経済政策が提案されていない。不動産バブル崩壊の後処理について、国内のリベラルな専門家は一様に口を閉ざしている。統計局は経済統計を粉飾したり、文学的な表現を使ってポジティブに描写したりしている。

習政権執行部から聞こえてくるのは毛時代のスローガンばかりである。とくに問題なのは、習政権のメンバーたちが現場の実地調査よりも、習主席の意向を重視していることだ。独裁政治でよく見られるが、指導者に対する「個人崇拝症候群」のようなものである。

習主席がたまに現場の視察に行くにしても、部下たちは事前に「用意」した現場しか見せない。現場で指導者を歓迎する人々は、すべて事前に用意された「俳優」である。このようなことが繰り返されると、指導者はますます自分が正しいと感じるようになる。それは部下たちの責任というより、指導者自らが掘った墓穴である。自分が作った罠にはまってしまって、それに気が付くことができないのだ。

習主席自身が不動産バブル崩壊の深刻さを十分に認識しているかどうかは定かではない。

消費が低迷し、失業率が多少上がっていることには気付いていているかもしれないが、認識よりも実態は遥かに深刻化している。中国財政部（財務省）の報道官は、ムーディーズが悪意を持って中国の信用格付け見通しを引き下げたと批判しているが、信用格付け機関が恣意的に格付けを上げ下げすることはあり得ない。人々からの信用を失ってしまうからだ。習政権が抱える深刻な問題の一つは、都合の悪い意見や報道をいっさい聞き入れなくなったことである。中国の諺に「良薬苦口」（良薬は口に苦し）というのがあるが、習政権執行部は祖先の教えを忘れてしまっているようだ。

　習政権は不動産バブル崩壊に正しく対処するために、まず謙虚な気持ちを持って市場と対話しないといけない。これは法律を凌駕する独裁政権にとっては、予想以上に難しいことである。しかし、市場との対話を怠り、突如として価格統制のような間違った政策を発表してしまうと、市場は一気にパニックに陥ってしまう。

　ＦＲＢも日本銀行も、実際の政策変更を行う前に、繰り返し市場と対話しようとしている。アナウンスメント効果と呼ばれるものである。政策の実行で市場に急激なショックを与えないために、その意図を広く周知させようとするのだ。

　一方、中国は民主主義の選挙が行われていない国である。各政府部門、あるいは政治指導者は、一般的に記者会見を極端に嫌っている。番記者という仕組みも存在しない。中国政府部門の記者会見はすでに決まったことを知らせるだけで、市場と対話しようとはしない。正規の記者会見を行う代わりに、政府共産党内部からの情報をリークすることも多い。権力闘争の一環ともとれるが、こうした情報のリークは市場にストレスを与えるだけでなく、共産党指導体制を弱体化させる可能性もある。

習主席が「安全維持」を連発

中国の首相は毎年3月に開かれる全人代（国会に相当）で政府活動報告を行い、代表の審議を受ける。むろん、共産党一党独裁の政治体制において、政府活動報告を審議するといっても、それを批判することは絶対にない。ほとんどの場合は報告を褒めるだけである。万が一、誰かが本気で政府活動報告を批判したら、翌年代表に選出されなくなるだろう。

長年にわたり、政府活動報告のなかで一番多く使用される言葉は「発展」、次に「改革」だった。それが近年、「安全」が上位に入ってくるようになった。2023年12月、共産党中央経済工作会議の演説でも、習主席は「安全維持」を連発していた。

日本でも、「安心・安全な社会づくり」とよくいわれるが、人々の安心・安全な生活を脅かす犯罪、テロ、事故、災害、健康問題、食品安全性などの諸要因を把握し、問題を解決するというのがその意図である。それに対して、中国政府が強調する「安全維持」とは、主に共産党指導体制を脅かす不安要因を排除するための治安維持政策である。政府共産党がもっとも心配するのは政府、すなわち、共産党指導体制が転覆することである。中国には「国家政権転覆罪」という罪がある。日本ではどんなに政府を批判しても、名誉棄損さえしなければ罪に問われることはないが、中国ではそういうわけにはいかない。

中国政府にとって一番の不安は、人々の不満が予想以上に増幅し、政府への抗議活動が起こることである。いかなる社会でも、不満を完全になくすことはできない。中国では経済が順調に成長していれば、低所得層にも生活が少しずつ改善される期待が生まれ、政府に対する不満が爆発しにくい。危険なのは、経済成長が低迷している状況だ。社会全体の生活レベルが下がり、とくに低所得層の生活レベルは大きく落ち込んでしまう。

今の中国社会は乾ききった大草原のようなもので、少しの火花でも、大規模な山火事へと発展する恐れがある。前にも述べたが、中国で国防費以上に増えているのは社会治安維持費である。そして、不動産バブルの崩壊が、山火事を起こすきっかけとなるかもしれない。生活に苦しむ低所得層は、一生の蓄えを使ってマイホームを購入したが、未完成のまま入居できなくて途方に暮れている。その不満は政府へと向かうかもしれない。

こう考えると、習政権にとって本来もっとも重要な政策目標は、経済を再び成長軌道に戻すことであるはずだ。しかし、今は成長よりも安全維持が重視され、不安要因を力ずくで抑えこむことに必死になっている。

消費者は見捨てられる

中国政府は、困っている消費者を救えるのだろうか。

日本でも消費者が悪質商法などで騙されることがある。その場合、被害にあった消費者は法に訴えることができ、加害者は法の制裁を受けると同時に社会からも制裁を受ける。罪を犯した際のコストが高くつき、それによって犯罪を抑止しようとしている。

それに対して中国では、消費者が法に訴えても、多くの場合は問題が解決されない。会社の経営者が共産党幹部や裁判所と結託しているからである。結局、中国人は法に訴える代わりに、北京の中央政府に「上訪」（陳情）する人が多い。「上訪」というシステムは法律がなかった王朝時代にできたものだ。不平不満がある人は役所に行って、ゲートに設置されている銅鑼《どら》を鳴らして不満を訴え、最終的に官吏（地方の首長）が事情を聴いて白黒を決める。今の中国には法律があるものの、「上訪」が残っているところを見ると、完全な法治国家ということはできないだろう。

不動産バブルの崩壊後、大規模な抗議活動が巻き起こることが予想される。マイホームを購入した人々は、銀行から住宅ローンを借りたうえで、すでにデベロッパーに購入代金を支払っているが、家は完成しないまま放置されている。普通の消費財であれば、騙されても次に気を付ければいいと思うだけで済むが、一生涯の蓄えをもって購入したマイホームでは損切りができない。

民主主義国であれば、政府はまず個人を優先して保障する。しかし、民主主義の選挙が行われていない独裁国家では、個人に対する保障は後回しにされがちである。社会はますます不安定化し、治安維持費は積み上がっていくだろう。

バブルはつかの間の夢だった

不動産バブルは疑似的な裕福感を作り上げ、人々の気持ちを高揚させた。コロナ禍前、中国人は世界中を旅して、フランスやイタリアのブランド品を買いあさった。スイスの老舗ホテルに泊まったある中国人成金は、ホテルのバーで、世界に1本しかないビンテージのウイスキーを見つけた。バーの主人は、そのウイスキーは父親が残してくれたもので、売り物ではないと説明したが、中国人成金はどうしても飲みたいと引き下がらなかった。仕方がなくバーの主人はそのボトルを開け、ウイスキーを注いで出したという。人間は貧しい状況から急に大金持ちになると、なんだか天下が自分のものになったような錯覚を起こす傾向があるようだ。

不動産バブルは人々につかの間の夢を見せた。例えば、３０００万円で買ったマンションがバブルによって６０００万円に値上がりすると、所有者の資産はいきなり３０００万円増えたようにみえる。そのマンションをマイホームとして所有している場合、マンションの値上げは持ち主にとってほとんど資産効果がない。ただ、マンションの住宅ローンを完済していれば、不動産を担保に銀行からローンを借りて、新たに投資用のマンションを購入できる。そのサイクルを回していけば、帳簿上の財産をどんどん増やしていくことができた。

マンション投資を行っていた人たちにとって、不動産バブルの崩壊は悲劇の始まりだった。これまでのサイクルが崩れて、新規のローンを返済できなくなったからである。自宅マンションの資産価値が上がっても、投資には手を出さず、海外旅行に出かけたりするくらいの贅沢だけしておけば、バブル崩壊の影響はそれほど受けずにすんだであろう。今回のバブル崩壊でどれだけの成金が自己破産したか、確かな統計は出ていないが、その数は決して少なくないはずだ。

すでに経済恐慌に突入している

コロナ禍が終息し、不動産バブルが崩壊した今、多くの中国人は自分の生活水準がある程度下がったことを実感している。それでも、東京やニューヨークでブランド品を買う中国人を見かけるのはなぜか。その答えは簡単である。今笑っている中国人は、コロナ禍の直前に投資用の物件を手放していたのだ。彼らに先見の明があったわけではなく、助かったのはまったくの偶然だ。中国政府や世界保健機関（ＷＨＯ）を含め、世界中の誰も、コロナ禍を予測することはできなかったからである。

人は投資をするときに夢を見るものだ。多くの人は不動産価格が下がりはじめても、売るべきかどうかを躊躇する。いずれまた上昇に転じるかもしれないという期待をもっているからだ。中国人はコロナ禍で多くの人が犠牲になるのを見て、はじめてあることに気づいた。困っている人がいても、誰も助けてくれないということだ。それは抱いていた夢の破滅であり、絶望だった。このことは、不動産バブル崩壊を助長するもっとも重要な要因の一つである。

　不動産バブルの崩壊で苦境に陥ったのは、不動産投資を行っていた人々だけではない。大学を卒業した若者は毎日のように就職説明会に参加するが、どこからも内定をもらえない。大企業も人員削減を行っているとの情報が、ＳＮＳなどで広がっている。なにより、地方政府も公務員の賃下げを行っている。経済学の観点から見て、現在の中国は経済危機というより、すでに経済恐慌に突入しているといえよう。３年間のコロナ禍と不動産バブルの崩壊は、中国人の生活水準を予想以上に大きく下げた。

第10章　習近平政権の正念場

同窓会で見栄を張る中国人

日本人は同窓会や会社のＯＢ会に参加したら、懐かしい面々と昔話を語り合うのがほとんどであろう。「今、どういう家に住んでいるか」、「どういう車に乗っているか」、「子供はどういう大学に進学しているか」と、尋ねることはあまりない。プライベートなことを聞いても、面白くないからであろう。

それに対して、中国人は同窓会などの場で、買った家や車、子供の留学先の話を積極的にする。他人よりも広い家に住んでいる、あるいは他人よりもいい車に乗っていると、見栄を張り、優越感を味わうのが目的である。

１９９０年代半ば、中国はハイパーインフレに見舞われた。当時は近代経済学が今ほど浸透していなかったため、なぜ物価が高騰したのか、誰もよくわかっていなかった。そんななか、ある中国人経済学者は、インフレ率が高騰したのは中国人の「攀比《パンビ》」（見栄を張って人と比べること）によるところが大きいと結論付けた。個人の消費行動が何によって決定されるかについてはここで詳述しないが、中国人の「見栄」を張る特性は、不動産バブルを助長する一因となったと断言できる。

見栄を張ると一瞬は優越感を味わうことができるかもしれないが、同時に人に嫉妬され恨まれることもある。中国人社会のトラブルでもっとも多いのは、見栄を張ることに起因する嫉妬と恨みによるものである。昔、ある先輩に、性格はその人の運命を決定づけるものであるといわれたことがある。だが国民性、すなわち、人々の性格を改めることはなかなか難しいだろう。この国民性こそ、習近平政権を悩ませている最大の課題である。

習政権が進める腐敗撲滅

　毛沢東の政治は中国の歴史において暗黒の時代だったと、歴史学者たちは結論付けている。だが、少なくとも毛自身の立場にたてば、死ぬまで権力を他人に譲ることなく君主を全うしたという点で、その政治は成功したといえる。毛の政治が成功した秘訣は、人民に対して禁欲主義を徹底させたことだ。毛時代のスローガンに「艰苦朴素《ジエンクポースー》」（苦しみに耐えて質素な生活をする）というものがある。質素な生活を送ることが美徳とされ、有線放送や新聞などは毎日のようにその理念を伝えていた。

　そんな時代ももはや過去のことだ。習近平政権にとっての正念場は、中国人の見栄を張る国民性、とりわけ共産党幹部の贅沢三昧な生活態度との闘いである。人間は一度贅沢な生活を味わうと、元の質素な生活に戻れなくなる傾向がある。経済学の言葉でいえば、限界効用逓減《ていげん》の法則だ。同じミカンでも、一口目はすごくおいしく感じるが、二口目になると感じるおいしさが少し下がる。三口目になると、もっと下がるということだ。共産党幹部の贅沢三昧の生活についても同じことがいえる。贅沢から得られる快感が次第に逓減していくため、彼らはその度合いを徐々に上げていこうとするのだ。

習政権が進めている腐敗撲滅に一番不満を感じているのは共産党幹部たちである。反腐敗闘争は人民に広く支持されているが、身内の共産党幹部には嫌われている。一方、幹部たちの腐敗が暴露され、その贅沢三昧ぶりを目のあたりにした人民は、アンチ共産党の気持ちを日に日に強めている。これこそ習政権が危惧している社会不安である。

習主席の悩みの一つは、かつて毛沢東が提唱した禁欲主義を、いかに徹底させるかである。不動産業界をみると、デベロッパーは土地の入札、不動産開発と販売、銀行との付き合いの過程で、共産党幹部への贈賄を続けている。共産党幹部に賄賂を贈らなければ、不動産開発を成功させることができないからだ。

日本でも以前は、業者が役人を接待するための会食が多かったようだが、今はマスコミに報道されたら大問題になるだろう。法令に違反した公務員はキャリアが終わることになる。一方の中国では、マスコミはすべて官製のものである。とくに習政権になってから、マスコミに対する報道規制はこれまで以上に強化されているので、政府にとって不都合なことは報じない。したがって共産党幹部がもっとも恐れているのは、マスコミによる暴露ではなく、仲間の幹部による密告である。

独裁政治の特徴は恐怖による支配である。毛沢東時代でも、今の中国社会でも、密告は奨励されている。例えば、学校の教壇で教師が不適切な言論を展開した場合、学生による密告が行われる。職場でも同様だ。このような密告の副作用は、人々の相互不信が助長されることである。日本語でいう忌憚のない意見交換ができなくなるのだ。

中国の文豪・魯迅の言葉で、「不在沈黙中爆発、就在沈黙中滅亡」（沈黙のなかで爆発しなければ、沈黙のなかで滅亡するしかない）というものがある。中国の社会・経済・政治は、爆発するか滅亡するかの岐路に立っている。不動産バブル崩壊をきっかけに、中国人の真価が問われているといえる。

すべての価値判断がお金になった

日本人は国への愛、すなわち「愛国」をほとんど口にしない。愛国というと、右翼のようなイメージを人に与えてしまうからだろう。代わりに、故郷愛については時々口にする人がいる。こちらは文化と慣習を愛するというニュアンスがあるようだ。

それに対して、中国では「愛国」を口にしないと、売国奴と罵られる恐れがある。学校や職場などでは盛んに愛国教育が行われている。筆者が小中学校のころは、毎日のように「国を愛する、毛沢東を愛する」と教わった。正直にいうと無味乾燥な説教にしか思えなかったが、なかには洗脳された同級生も多くいたのだろう。

１９７８年、改革・開放が始まって、中国社会は大きく変化した。イデオロギーの重みがなくなり、人々の生活と政治との距離は遠くなった。その半面、拝金主義が横行した。中国の知識人はあまりお金のことを口にしないのが伝統だったが、今はすべての価値判断がお金によって行われるようになった。

日本の会社では、互いの給料を尋ねることはほとんどしない。年功序列の社会なので、大体の給料を推測できるということもあるだろう。一方、中国では、自分の給料を人にいうことにあまり抵抗がない。互いに相手の給料の金額を尋ねることもよくある。日本では個人情報の保護が話題になっているが、中国では自らの個人情報を平気で公開する。会社の社員が全員の給料について知っているため、経営者にとって相当のプレッシャーになっているはずである。

なぜ中国人は自分の給料をわざわざ人に話すのだろうか。かつて毛沢東の時代、国営企業で働く労働者の給料は完全に年功序列制をとっていた。しかも、ボーナスもなかった。みんながみんなの給料について知っているので、個人情報という意識すらなかったのだ。その習慣は今でも残っている。少し前のことだが、すでに定年退職している何人かの友人と北京で会食した。久々の再会だったが、彼らは会ったとたんに、「あなたの退職金はいくら？」と互いに尋ねはじめた。日本での生活が長い筆者は多少の違和感を覚えた。外国人がその光景を見ていたら、かなりびっくりしたはずである。

２０１３年に誕生した習政権が最初に着手したのは腐敗撲滅だった。習主席は共産党員に対し、共産党員としての初心を忘れるべからずと呼び掛けた。しかし、腐敗撲滅キャンペーンは腐敗の幹部を追放するだけで、肝心の腐敗を防ぐことができていない。贈収賄の金額は年々増え続けており、このままいくと、反腐敗キャンペーンはエンドレスのゲームになってしまう。

中国社会の富は上から下への配分が遅い。逆に、下から上には激しく富が巻き上げられていく。その結果、所得格差は年々拡大し、社会不安がもたらされている。低所得層の生活保障制度は十分に整備されていないため、不動産バブル崩壊のような経済危機に見舞われると、社会は一気に大混乱に陥りやすい。迅速に対処しないと、たいへんな危機に発展しうることが予想される。

バブル崩壊への対処で重要なのは、正しい優先順位を決めて、スピード感を持って対処することである。もっとも恐れるべきは、複数の不安要因が重なり合って影響しあうことだ。そうなると危機に対処するのが難しくなる。

日本では30年前に経済バブルが崩壊したが、日本政府はプライオリティを決めるのに時間をかけすぎて、スピード感に欠けた対応をとっていたのが反省点だった。ここ数年の中国政府も、経済の減速ぶりに対して、政策決定のスピードが明らかに鈍い。情報の開示も不十分になっており、政府にとって都合の悪い統計、都合の悪い数字を隠しても、問題の解決にはならない。逆に若者の失業率の上昇が周知されないため、その対策も遅れがちである。繰り返しになるが、市場経済の政策運営において重要なのは市場との対話である。

失われたアイデンティティ

日本人は、普段の生活のなかで自身のアイデンティティを意識することはほとんどない。それに対してアメリカは移民の国であるため、普段の生活で自らのアイデンティティを意識する場面がかなり多い。昔、『Who is American?』という本を読んだことがあるが、誰がアメリカ人なのかをなぜそこまで気にするのか不思議だった。

中国は多民族国家であるため、中国人はもともと、アイデンティティを強く意識する民族だった。中国社会は予想以上に閉鎖された社会だ。世界で形成されている中華街をみればわかるように、華僑は独特な生活様式を保っている。古い華僑の多くは移民先の言葉を学ぶことはなく、生涯にわたり福建語または潮州語などの故郷の言葉しか話さない。

変化が起こったのは毛時代だった。文化大革命により、中国の古典文化は根こそぎ破壊され、人々は中国人としてのアイデンティティを失っていった。今の中国人こそ「Who is Chinese?」と自問自答する必要があるかもしれない。最近では、アイデンティティの問題から逃げるように、「我々は地球人だ」という知識人や若者が多い。また前述した通り、コロナ後、中国のエリート層の多くは海外へと移住している。

中国では愛国教育が実施されているのに、なぜ多くの中国人が祖国を捨てているのだろうか。ここで、そもそも愛国の本質は何かと考えてみると、それは国を愛するということではない。故郷を愛する、具体的にいえば故郷の風俗慣習を愛することが、愛国といえるのではないだろうか。日本人の故郷愛と似たものがある。

毛時代にはほとんどの古典文化が破壊されたが、実は一つだけ、重要な文化が生き残っていた。それは中国人の食文化である。中国には「民以食為天」という言葉がある。日本語に訳せば、人にとって食べることは最も大切だということだ。

これまでの数十年間、世界でもっとも国際化が進んだのは食である。かつて日本人は海外旅行に出かけるとき、必ずインスタント味噌汁を持っていった。ホテルにチェックインして故郷の味を懐かしく思うと、味噌汁を飲んで落ち着いた。しかし、今はそんなことをする必要はない。世界中の国に和食レストランがあるからだ。

中国人にとっても同じである。海外に移住した中国人は、食の文化まで捨てたわけではない。海外に移住しても、中華の食材は簡単に手に入るし、中華レストランで食事をとることができる。毎日、中華料理、あるいは本物の中華料理に近い料理が食べられるのであれば、国を想う気持ちも次第に薄れてしまう。

お金、人材、技術が流出している

コロナ後も中国経済は回復せず、海外旅行に行く中国人は予想以上に少ない。一方、海外へ留学する中国人学生は増えている。海外留学をしている中国人学生は、そのまま現地に定住してしまう傾向にある。さらにいえば、その親も留学に同行し、一緒に移住してしまうのだ。彼らは中国国内で買った不動産を売って、そのお金で逃避行を実現させるのだ。エリート人材を失うということは、頭脳を失うことを意味する。

現在、中国社会のほとんどのベクトルは海外へ向かっている。30年前に起こった経済バブルの崩壊で、日本は30年を失ったといわれている。ただ、この問題は国内で処理され、お金も人材も海外に流出することはなかった。

一方、中国では不動産バブル崩壊後、お金も人材も技術も、どんどん海外へ流出している。サプライチェーンが再編され、外国企業は相次いで工場を海外へと移転している。外貨の流失も加速している。政府にとってバブル崩壊の後処理は相当たいへんな作業になるだろう。1990年代の日本でも産業の空洞化が心配されていたが、今の中国とは事情が違う。空洞化の原因は、内需が弱くなり、工場が海外に移転されたからである。その後は徐々に落ち着き、研究・開発（R&D）は日本国内で行われるようになった。

中国の不動産バブル崩壊の後処理は、単純にバブル崩壊によってできた穴を埋めればいいというわけではない。もともとバブルは貨幣的な現象だが、中国のバブル崩壊の背景には信用秩序の崩壊がある。単なる貨幣的な現象であれば、「止血」して元に戻せるが、信用秩序が崩れた場合、それを再確立するのは予想以上の時間と努力が必要である。

習政権の深刻な欠陥

習政権にとって経済成長は、自らの正当性と合法性を証明する条件になっている。にもかかわらず、習政権は経済成長を維持するために十分な努力をしているようにみえない。現在は経済が急減速しているのに、習政権はそれほど焦っていないようにみえる。これ以上時間をロスしてしまうと、習政権にとって命取りになる可能性が高い。

まず、目下の景気減速は、政策のミスと構造的な要因によるところが大きいと思われる。具体的には、３年間のコロナ禍、民営企業に対する締め付け、反スパイ法によるサプライチェーンの中国離れ、米中対立の激化によるデカップリング（経済分断）の加速などを挙げることができる。

一方、不動産バブルが崩壊したにもかかわらず、北京のポリシーメーカーはそれにきちんと対処していない。状況の悪化を座して待っているだけのようにみえる。本書を執筆している２０２４年１月、中国大手シャドーバンキング投資会社・中植企業集団は、北京市第一中級人民法院に破産申請を行った。中植企業集団はピーク時には20兆円を超える資産運用を行っていたといわれている。大手シャドーバンキング投資会社が破産したというのは、不動産バブル崩壊が金融システムに飛び火している証拠である。破産後の後処理をどうするかについて、金融当局はいまだに記者会見を行っていない。

さらに深刻なのは、当局が都合の悪い経済統計を公表しなくなったことである。政策当局は経済統計をみて政策を決定するが、必要な情報が得られなくなると、正しい経済政策が決定できなくなる。医者に例えていうならば、患者の精密検査の結果を正しく知らされなければ、正しく処置できないのと同じことである。都合の悪い統計を隠しても、問題の解決にはならない。統計が隠されることで、正しい政策が実行されなくなれば、中国経済の傷はもっと深くなる恐れがある。

習政権の政策決定メカニズムには深刻な欠陥がある。必要な情報が下から上がってこないうえに、トップダウンで決定される政策が間違っていても、それを修正する作用が働かなくなっていることだ。習主席への権力集中が行き過ぎたため、政策が間違っていたとしても、周りは誰も進言できないのだ。習政権執行部は習主席への個人崇拝を強化するキャンペーンを展開しているが、「習主席への忠誠が絶対的でなければ、それは習主席に絶対的に忠実ではない」と叫ばれている。毛沢東時代のスローガンである「永遠に毛沢東に忠誠せよ」とよく似ている。改革・開放の40余年間で、中国人は個人崇拝の洗脳から解放されたと思われているが、習政権執行部は依然このような古いゲームを展開している。

オーソドックスな経済分析では、中国経済はここまで急減速しないはずだと考えられていた。中国経済のファンダメンタルズ（基礎的条件）はさほど悪くなっていない。にもかかわらず、経済にここまで急ブレーキがかかっているのは、明らかに政策のミスと制度の運用面の問題によるところが大きいと思われる。

中国は世界経済のリスクに

２０１２年秋、習近平は総書記に選出されて行った演説のなかで、「市場メカニズムがもっと機能するように改革を進化させる」と述べた。中国内外では習政権の誕生に強い期待が寄せられていた。当時、筆者は米国コロンビア大学で行われたあるフォーラムでプレゼンをした。筆者のプレゼンのあと、１人の若い女性（フォーラムが終わったあとに名刺をみて判明したが、彼女は人民日報の記者だった）から「これから誕生すると思われる習政権に対する期待を述べてください」と質問された。それに対して筆者は「習政権の誕生で指導部は若返りし、政治改革と経済改革は加速するだろう」と答えた。決して人民日報の記者に迎合したわけではなく、明らかに自分の期待に基づいて出した答えだった。ところが、筆者の予想は裏切られた。

おそらく世界の習政権をみる目が大きく変わったのは、2018年の憲法改正がきっかけだった。アメリカを中心とするG7の国々は中国の民主化を期待していたが、実際は民主化するどころか、個人崇拝が強化され、習近平一強の独裁政権が敷かれていった。

中国経済および不動産バブル崩壊について、世界中の経済学者は傍観者として論評することがあっても、習政権に対しての政策提言を行うことはない。みんなが沈黙を保っている。

毎年年初に、米国ユーラシアグループ（代表は国際政治学者のイアン・ブレマー）はグローバル・トップ・リスク予測を発表しているが、2024年のトップ・リスクの6番目に中国がランクインしていた。2023年は2番目にランクインしていたため、多少重要度は下がっているものの、依然として世界のリスクであることに変わりはない。予測のなかでの中国リスクは「期待できない経済のリカバリー」だとされている。この見方はある意味、市場を代表するものである。2023年の中国経済について、市場はV字型回復を期待していたが、実際はL字型成長に留まった。2024年の中国経済はさらに減速する可能性があり、最終的に「く」の字になる恐れがある。

中国市場はかなりのレベルで開かれた市場になっており、世界経済の一部になっている。中国がくしゃみをすると、世界経済は風邪を引くとされている。そのような事態をなんとか防ごうと、デリスキング（リスクを低減させること）が提案されている。サプライチェーンの中国離れはデリスキングの一環なのだろうが、中国の経済減速のショックを完全に回避することは難しいだろう。

斬新な技術革新が生まれない

ＩＭＦの世界経済見通しによれば、２０２３年の中国のドル建て名目ＧＤＰは19兆３０００億ドルあまりで、世界のＧＤＰに占める割合は約16・9％である。ドル建て名目ＧＤＰは為替レートの影響を強く受けるため、必ずしもその国の実際の経済力を表すものではないが、その国の市場規模をみる参考にはなる。

２０１８年、米中貿易摩擦が勃発してから、米中デカップリングが進んでいる。長い間、中国はアメリカにとって最大の貿易相手国だったが、今はメキシコとカナダに抜かれて３番目に落ちた。アメリカがリスク低減を図った結果である。

習政権はG7による経済制裁の影響を回避するため、外需が落ち込んだ部分を内需によってカバーしようと、国内循環型経済への移行を推進している。この国内循環型経済の発想は、毛沢東時代に考案された自力更生から着想を得たものだと思われる。冷戦時代、中ソは欧米を中心とする西側諸国によって制裁を受け、経済が長期にわたって停滞していた。そのときの対策として自力更生が掲げられたが、中国のような大国でも、自力更生だけでは経済成長の停滞は避けられなかった。

冷戦時代と違い、今はグローバル化の時代である。オープンイノベーションという言葉があるように、閉ざされた空間のなかでは斬新な技術革新は生まれない。ある中国人歴史学者は講演のなかで、このように述べている。「我々の先祖は紙、印刷術、火薬と羅針盤を発明した。しかし、近代になってから、我々は何を発明したのか。新しい技術にはなに一つとして中国で生まれたものはない。中国で使われている技術はいずれも、我々がコピーしてきたものである」。別の歴史学者は、「中国人は火薬を発明したが、それを花火や爆竹に使っただけだ。銃器は西洋人が発明した」と述べている。

習政権は中華民族の偉大なる復興を掲げた。これは中国人ナショナリズムにぴったり合致するものである。多くの中国人が気持ちを高揚させ、明日にも中国が漢や唐のように世界をリードする国として復活するだろうと思い込んだ。しかし、現実に目を転じると、そんなに甘いものではない。

国際社会の連携が必要不可欠

習政権がもっとも恐れるのは、政権への不満と社会不安である。それを助長するのは経済成長の急減速だ。目の前にある一つのヤマは、不動産バブルの崩壊である。

デベロッパー、投資会社と国有銀行はいずれもドル建て外債を借り入れているため、バブル崩壊によってデフォルトに陥れば、国際金融システムに一定規模の影響を及ぼす可能性がある。また、中国の国内経済が停滞すれば、中国市場に依存する日米欧などの先進国経済にかなり大きな影響を与える恐れがある。中国を工場と位置づけている外国企業は、工場を海外に移転する必要があるが、かなり長い時間を要するものと思われる。

中国経済のような規模の大きい経済が減速するというのは、狭い海で起きる津波のようなものだ。対岸に押し寄せた津波は再び戻ってくる。こうした危機に対応するには、国際社会の協調体制が必要不可欠である。１９９７年に起きたアジア通貨危機、２００７年に起きた米国のサブプライムローン危機、２００８年に起きたリーマンショックでは、いずれも国際社会の連携によって危機を乗り切ることができた。

ここで強調しておきたいのは、米中が新冷戦に突入したために、国際機関の機能がほとんど低下してしまっていることだ。深刻な経済危機に見舞われた場合、国際連携を強化するうえで役に立つかどうか、不透明な情勢になっている。いつものことだが、危機が起きてみないと、その深刻さはわからない。重要なのは危機が起きる前に、備えをしておくことである。

終章　チャイナ・リスクに備えよ

不動産バブルは蜃気楼だった

本書の執筆にあたってずっと「不動産バブルとはなにか」を自問自答しながら、論を展開してきた。最終的な結論をいえば、不動産バブルは蜃気楼のようなものだ。バーチャルリアリティー（VR）のようなものともいえるだろう。

バブルは人々にある種の疑似的な幸福感を与える。この点は36年前の日本についても同じことがいえる。当時、筆者は名古屋の大学に留学のため、日本に来たばかりだった。NHKの夜7時のトップニュースは決まって、好景気に関するものだった。大学で経営学の授業に出ると、担当の教授は「日本の株価はまもなく4万円を突破するだろう」と幸せそうに話した。中国ではまだ株式市場が設立される前のことだったため、株価が4万円を突破する意味を理解できなかった。

ある日の夕方、名古屋の繁華街である栄を、同じ中国から来た留学生と歩いていたときのことだった。突然、我々の前を歩いていたスーツを着た会社員が振り向いて、背広のポケットの財布から1万円を取り出し、「これでお酒を飲みに行きなさい」と渡された。見知らぬ人からお金をもらうわけにはいかないので断ったが、その人は「いいから、もらっておきなさい」と無理やり1万円を押しつけてきた。当時の日本には、使い切れないほどのお金があるような雰囲気だった。東京23区の土地を売って、アメリカ全土を買うことができるともいわれていた。まさに蜃気楼だった。

中国で膨らんだ不動産バブルも、同じような蜃気楼だった。36年前、海外へ留学する中国人は、中国銀行で50ドルしか両替できなかった。今は、1人につき1年間で5万ドル（約750万円）の外貨を買うことができる。コロナ禍前、中国人観光客は世界でブランド品を買いあさった。中国人の価値観は、お金で解決できないことはないというものになった。不動産バブルが膨らむとともに、中国人の愛国主義もかつてないほど高揚した。中国が十分に豊かになったとして、習主席は強国復権の夢を提唱し、強い中国を目指すようになった。

お金万能主義を信奉する人にとって、不動産バブルの崩壊は悲劇である。人々の心の支えとなっていた蜃気楼は消滅し、心のよりどころがなくなった。

習政権にとっての試金石

最後にもう一度、バブル崩壊後の現状を整理しよう。一部の家庭は不動産バブル崩壊によって債務超過に陥った。多くのデベロッパーも債務超過に陥り、政府の救済がなければ倒産する運命にある。国有銀行を中心に、金融機関は巨額の不良債権を抱えることになる。地方政府は土地財政の財源を失って、社会保障基金の不足分を補うことができなくなるかもしれない。地方政府が設立した「融資平台」の多くは、債務超過に陥っているとみられている。中国政府は不動産バブル崩壊の後処理にあたり、その債務連鎖をどのように断ち切って、影響を最小限に留めるか、まだ答えを導き出せていない。

２０２４年１月、ダボス会議に参加した李強首相は異例の発表をした。「２０２３年、中国経済は５・２％成長した」と明かしたのだ。その日は、中国国家統計局による２０２３年のマクロ経済統計発表の前日で、明らかに公表の手順に問題があったといえる。李首相の発言を受け、もともと下落の一途を辿っていた上海株価総合指数はさらに下がった。香港のハンセン指数も下げ止まらない。

そもそも２０２３年、中国の投資と消費の伸びは横ばいで、貿易はマイナス成長だった。どのようにしてＧＤＰは５・２％の成長を遂げたのか。米国シンクタンクのロジウム・グループの試算では、２０２３年、中国のＧＤＰは最大でも１・５％しか成長しなかったとしている。

不動産バブルの崩壊は恐ろしいが、それよりも現状から目を背け、崩壊後の手当をきちんとしないことのほうがもっと恐ろしい。李首相はいまだに有効かつ大胆な政策を打ち出していない。中国人民大学の張鳴教授（政治学が専門）は「GDPが5・2％も成長しているのなら、金融緩和などの景気刺激政策を打ち出す必要はない」と政府を皮肉った。

不動産バブル崩壊の対処では、政策当局の能力が試される。中国では、政治と経済は不可分な関係にある。不動産バブルの崩壊にきちんと対処できなければ、習政権は窮地に立たされることになる。習政権の統治能力が試される試金石となるだろう。

中国史の「40年の呪縛」

よくいわれることだが、独裁政治は実行力がある。それは事実である。議会が存在しないので「邪魔」が入らず、政府はやりたいことを実行できる。一方で独裁政治の問題は、正しい政策を決めるメカニズムが確立されておらず、間違った政策を修正する力がないことにある。習政権の権力構造は、習主席への一極集中が想像以上に進んでいる。現場から情報を吸い上げる力が弱く、トップダウンで政策が決まってしまえば、それを修正することができなくなる。したがって、間違った政策はさらに間違った方向へ進んでいきがちである。習政権になってからは、政権内で切磋琢磨する政策論争もできなくなった。

結論をいえば、不動産バブル崩壊は40余年間続いた改革・開放政策の終わりの始まりを意味するのかもしれない。歴史家によれば、中国の長い歴史を振り返っても、繁栄期はほとんど40年を超えることがなかったという。前漢の文帝と景帝による「文景の治」は、39年で幕を閉じた。唐の「貞観の治」と「開元の治」はいずれも、40年以内で終了した。

この40年の呪縛に科学的な根拠があるかどうかは定かではないが、10年前から強国復権の夢を提唱する習政権には、明らかに驕りがあったように思われる。40年前に鄧小平は「韜光養晦」、すなわち、腰を低くせよと訓示を出した。今の習政権執行部は誰一人として、鄧小平の訓示を覚えていないようにみえる。

日本もチャイナ・リスクに備えよ

最後に、中国の不動産バブル崩壊と景気減速が、日本経済と日本企業にどのような影響を与えるのか述べておきたい。

これまでに述べたように、不動産バブル崩壊によって中国市場は徐々に萎縮していく可能性があるが、習政権は大胆かつ有効な景気対策を打ち出していない。このままデフレが進行するとすれば、日本企業と日本経済への影響は避けられない。

日本は危機に備えなければならない。2018年にアメリカのトランプ政権が始めた中国に対する経済制裁、2020年から3年間続いたコロナ禍を受けて、日本企業はリスク管理の意識がそれまで以上に高くなった。同時に、日本政府はサプライチェーンの分散をある程度進めてきた。バイデン米大統領が提唱しているデリスキングは、日本企業にとって重要な示唆を与えている。

問題は、日本企業は完全に中国から撤退する、いわゆるゼロ・チャイナを進めることができないということだ。自動車産業が象徴的な例だ。2023年、中国の自動車販売台数は3000万台に達し、世界最大の自動車市場となっている。日本の自動車メーカーと部品メーカーにとって、中国市場を放棄することは得策ではない。したがって、日本企業はウィズ・チャイナの戦略、すなわち、中国市場でのビジネスを続けながら、中国市場の縮小を補うために、第三国の市場を開拓する戦略を強化する必要がある。

ここで強調したいのは、チャイナ・リスクを管理するための護送船団づくりである。日本はこれからも中国と付き合うため、もっと知恵を絞って戦略を構築する必要がある。

あとがき

２０２４年は、筆者がエコノミストになってちょうど30年という記念すべき年である。出発点は、今はなき長銀総合研究所の国際調査部研究員だった。当時はデータベースがなかった時代で、ウィンドウズも導入されていなかった。文章を書くのは一太郎で、表計算にはLotus 1-2-3という使い勝手の悪いソフトを使っていた。中国の経済統計を入手できない時代だったため、毎朝、会社の書庫に行って、人民日報海外版の経済関連の記事をコピーし、ファイリングするのが日課だった。

それから30年が経過して、システムは劇的な進化を遂げた。しかし、調査の仕事環境は必ずしもよくなったとはいえない。インターネットでの情報検索は日課になっているが、その情報の信憑性を確認するのにいつも苦労する。中国のマクロ経済統計については、市販のデータベースを購入してダウンロードできるが、それらのほとんどは中国政府公表の経済統計をそのまま売っている。

コロナ禍以降、リサーチの仕事はますます難しくなっている。中国に出張して、政府系シンクタンクの研究者にインタビューすると、間違いなく相手に迷惑をかける。研究者同士の意見交換だけでも、諜報活動とみられる可能性がある。しかし、遠距離で中国を眺めても、ちゃんとした調査を行うことはできない。

他方で、中国経済の調査に対するニーズは高まっている。政財界から「中国経済はこれからどうなるか」といった質問が多く寄せられる。そのニーズにどのようにして応えるか。研究者として毎日、苦悩している。

こうしたなかで、友人で「文藝春秋」の編集長でもある鈴木康介さんから「弊社から本を出しませんか」と誘われた。２０２１年、慶應義塾大学出版会から『「ネオ・チャイナリスク」研究』を上梓して以降、私は本を書いていない。毎日研究を重ねているので、そろそろ一冊書いてみようと考えていたところだった。鈴木さんは文春新書編集部の西本幸恒さんと後藤祐実さんを紹介してくださり、打ち合わせして、すぐに中国不動産バブル崩壊に関する本の執筆を決めた。中国問題にご理解のある西本さんと後藤さんの助言を得ながら、本書を無事上梓できた。ここで、鈴木さん、西本さん、後藤さんに心より感謝を申し上げる。そして、本の執筆に協力してくれた、研究アシスタントで早稲田大学大学院生の劉韻さんにも謝意を表する。

２０２３年12月、高校時代の担任で英語を教えてくれた許世照先生が日本に旅行に来た。観光先は関西地方だったので、直接お会いすることはできなかったが、電話で許先生と少し話をした。中国の現状について話が及ぶと、我々二人とも溜息が絶えなかった。それでも、許先生は電話を切る前に、「このままでは、終わらない。必ずよくなる」と励ましてくれた。恩師の言葉を信じて筆を置くことにする。

主要参考文献

岡嵜久実子（２０２１）『中国の金融・財政構造の変化と将来展望』ＩＴＩ調査研究シリーズNo.１１１第５章

尾崎春生（２００７）『中国の強国戦略　２０５０年への発展シナリオを読む』日本経済新聞出版

柯隆・福本智之・孟渤（２０２３）『中国人民元国際化・デジタル化の示唆』「政策研究」東京財団政策研究所

柯隆（２０２１）『「ネオ・チャイナリスク」研究　ヘゲモニーなき世界の支配構造』慶應義塾大学出版会

――（２０１８）『中国「強国復権」の条件「一帯一路」の大望とリスク』慶應義塾大学出版会

――（２０１７）「習近平思想の浸透に向け、金融改革の新局面を迎えた中国経済」『金融財政事情』（11月27日）金融財政事情研究会

――（２０１６）『爆買いと反日　中国人の不可解な行動原理』時事通信出版局

――（２０１０）『チャイナクライシスへの警鐘―２０１２年中国経済は減速する』日本実業出版社

――（２０１６ａ）「ズームアップ経済統計　中国不動産バブルの謎（中国国家統計局「不動産投資統計」）」『金融財政事情』（11月21日）金融財政事情研究会

――（２０１６ｂ）「中国の構造転換、ゾンビ企業の閉鎖と『債転股』」『ＪＢＩＣ中国レポート』「中国智庫」』（第３号）国際協力銀行

——（２０１３）「中国の『影の銀行』と銀行の影の問題」『ＪＢＩＣ中国レポート「中国智庫」』（７／８月号）国際協力銀行
——（２００７）『中国の不良債権問題　高成長と非効率のはざまで』日本経済新聞出版
デズモンド・シャム（２０２２）『私が陥った中国バブルの罠　レッド・ルーレット——中国の富・権力・腐敗・報復の内幕』草思社（神月謙一訳）
津上俊哉（２０１７）『「米中経済戦争」の内実を読み解く』ＰＨＰ新書
寺島実郎（２０１２）『大中華圏　ネットワーク型世界観から中国の本質に迫る』ＮＨＫ出版
瀬古美喜・冒匯（２００５）「中国の住宅価格変動分析」『住宅土地経済』（夏季号）日本住宅総合センター
Arthur R. Kroeber（2016）"China's Economy: What Everyone Needs to Know®, First Edition" Oxford University Press（邦訳：『チャイナ・エコノミー：複雑で不透明な超大国　その見取り図と地政学へのインパクト』東方雅美訳、白桃書房、２０１８年）
Joseph E. Stiglitz（1996）"Whither Socialism?" The MIT Press
Thomas G. Rawski（2001）"What is happening to China's GDP statistics?" China Economic Review vol. 12, issue 4.
James Steinberg and Michael E. O'Hanlon（2014）"Strategic Reassurance and Resolve: U.S.-China Relations in the Twenty-First Century," Princeton University Press（邦訳：『米中衝突を避けるために　戦略的再保証と決意』村井浩紀、平野登志雄訳、日本経済新聞出版、２０１５年）
張維迎（２０１４）『市場与政府：中国改革的核心博弈』西北大学出版社

主要参考文献

易憲容（２００５）「中国房地産市場過熱与風険預警」『財貿経済』
呉敬璉（２００１）『当代中国経済改革：戦略与実施』上海遠東出版社（邦訳：『現代中国の経済改革』青木昌彦監訳、日野正子訳、ＮＴＴ出版、２００７年）

柯隆（かりゅう）

1963年、中国・南京市生まれ。88年来日、愛知大学法経学部入学。92年、同大学卒業。94年、名古屋大学大学院修士課程修了（経済学修士号取得）、長銀総合研究所入所。98年、富士通総研経済研究所へ移籍。2006年より同研究所主席研究員。18年、東京財団政策研究所に移籍、現在、同研究所主席研究員。静岡県立大学グローバル地域センター特任教授を兼務。主な著書に『「ネオ・チャイナリスク」研究　ヘゲモニーなき世界の支配構造』（慶應義塾大学出版会）など。

文春新書

1452

中国《ちゅうごく》不《ふ》動産《どうさん》バブル

2024年4月20日　第1刷発行

著　者　柯　隆
発行者　大松芳男
発行所　株式会社 文藝春秋
〒102-8008　東京都千代田区紀尾井町3-23
電話（03）3265-1211（代表）

印刷所　理想社
付物印刷　大日本印刷
製本所　大口製本

定価はカバーに表示してあります。
万一、落丁・乱丁の場合は小社製作部宛お送り下さい。
送料小社負担でお取替え致します。

ISBN978-4-16-661452-3

◆アジアの国と歴史

韓国併合への道　完全版　呉　善花
侮日論　呉　善花
韓国「反日民族主義」の奈落　呉　善花
韓国を支配する「空気」の研究　牧野愛博
金正恩と金与正　牧野愛博
「中国」という神話　楊　海英
独裁の中国現代史　楊　海英
ジェノサイド国家中国の真実　于田ケリム　楊　海英
劉備と諸葛亮　柿沼陽平
王室と不敬罪　岩佐淳士
キャッシュレス国家　西村友作
性と欲望の中国　安田峰俊
日本の海が盗まれる　山田吉彦
インドが変える世界地図　広瀬公巳
反日種族主義と日本人　久保田るり子
三国志入門　宮城谷昌光
ラストエンペラー習近平　エドワード・ルトワック　奥山真司訳
韓国エンタメはなぜ世界で成功したのか　菅野朋子
日中百年戦争　城山英巳
第三の大国　インドの思考　笠井亮平

◆さまざまな人生

生きる悪知恵　西原理恵子
男性論　ECCE HOMO　ヤマザキマリ
それでもこの世は悪くなかった　佐藤愛子
僕たちが何者でもなかった頃の話をしよう　山中伸弥・羽生善治・是枝裕和・山極壽一・永田和宏
続・僕たちが何者でもなかった頃の話をしよう　池田理代子・平田オリザ・彬子女王・大隅良典・永田和宏
安楽死で死なせて下さい　橋田壽賀子
一切なりゆき　樹木希林
天邪鬼のすすめ　下重暁子
さらば！　サラリーマン　溝口　敦
私の大往生　週刊文春編
昭和とわたし　澤地久枝
それでも、逃げない　三浦瑠麗　乙武洋匡
知の旅は終わらない　立花　隆
死ねない時代の哲学　村上陽一郎
イライラしたら豆を買いなさい　林家木久扇
老いと学びの極意　武田鉄矢

◆食の愉しみ

◆文学・ことば

翻訳夜話　村上春樹・柴田元幸
翻訳夜話2 サリンジャー戦記　村上春樹・柴田元幸
漢字と日本人　高島俊男
語源でわかった！英単語記憶術　山並陞一
外交官の「うな重方式」英語勉強法　多賀敏行
名文どろぼう　竹内政明
「編集手帳」の文章術　竹内政明
弔辞 劇的な人生を送る言葉　文藝春秋編
ビブリオバトル　谷口忠大
新・百人一首　岡井隆・馬場あき子・永田和宏・穂村弘選
劇団四季メソッド「美しい日本語の話し方」　浅利慶太
芥川賞の謎を解く　鵜飼哲夫
ビジネスエリートの新論語　司馬遼太郎
世界はジョークで出来ている　早坂　隆
一切なりゆき　樹木希林
天才の思考　鈴木敏夫
いま、幸せかい？　滝口悠生選
英語で味わう万葉集　ピーター・J・マクミラン
歎異抄 救いのことば　釈　徹宗
最後の人声天語　坪内祐三
三国志入門　宮城谷昌光
教養脳　福田和也
明日あるまじく候　細川護熙
伊賀の人・松尾芭蕉　北村純一
ちょっと方向を変えてみる　辻　仁成
歴史・時代小説教室　安部龍太郎・門井慶喜・畠中　恵
柄谷行人『力と交換様式』を読む　柄谷行人ほか

◆ネットと情報

「社会調査」のウソ　谷岡一郎
インターネット・ゲーム依存症　岡田尊司
闇《ダーク》ウェブ　セキュリティ集団スプラウト
フェイクウェブ　高野聖玄・セキュリティ集団スプラウト
スマホ廃人　石川結貴
スマホ危機 親子の克服術　石川結貴
超空気支配社会　辻田真佐憲
ソーシャルジャスティス　内田　舞

◆経済と企業

リープフロッグ　野口悠紀雄
臆病者のための株入門　橘　玲
臆病者のための億万長者入門　橘　玲
熱湯経営　樋口武男
先の先を読め　樋口武男
ビジネスパーソンのための契約の教科書　福井健策
ブラック企業　今野晴貴
ブラック企業2　今野晴貴
売る力　鈴木敏文
日本型モノづくりの敗北　湯之上隆
半導体有事　湯之上隆
詐欺の帝王　溝口　敦
さらば！ サラリーマン　溝口　敦
トヨタ生産方式の逆襲　鈴村尚久
グローバリズムが世界を滅ぼす　エマニュエル・トッド　ハジュン・チャン　柴山桂太・中野剛志・藤井聡・堀茂樹
税金を払わない巨大企業　富岡幸雄

消費税が国を滅ぼす　富岡幸雄
安売り王一代　安田隆夫
働く女子の運命　濱口桂一郎
人工知能と経済の未来　井上智洋
メタバースと経済の未来　井上智洋
「公益」資本主義　原　丈人
お祈りメール来た、日本死ね　海老原嗣生
自動車会社が消える日　井上久男
日産vs.ゴーン　井上久男
新貿易立国論　大泉啓一郎
世界史を変えた詐欺師たち　東谷　暁
日銀バブルが日本を蝕む　藤田知也
AIが変えるお金の未来　坂井隆之・宮川裕章＋毎日新聞フィンテック取材班
なぜ日本の会社は生産性が低いのか？　熊野英生
会社員が消える　大内伸哉
キャッシュレス国家　西村友作
農業新時代　川内イオ
農業フロンティア　川内イオ

総会屋とバブル　尾島正洋
最強の相続　荻原博子
吉本興業の約束　大﨑　洋　坪田信貴
日本企業の復活力　伊丹敬之
グリーン・ジャイアント　森川　潤
国税OBだけが知っている失敗しない相続　坂田拓也
AI新世 人工知能と人類の行方　小林亮太　篠本滋　甘利俊一監修
スパコン富岳の挑戦　松岡　聡
男性中心企業の終焉　浜田敬子
ルポ 食が壊れる　堤　未果
負動産地獄　牧野知弘
地銀と中小企業の運命　橋本卓典
逆境経営　樽谷哲也

◆世界の国と歴史

完全版 ローマ人への質問　塩野七生
歴史とはなにか　岡田英弘
常識の世界地図　21世紀研究会編
食の世界地図　21世紀研究会編
新・民族の世界地図　21世紀研究会編
カラー新版 地名の世界地図　21世紀研究会編
カラー新版 人名の世界地図　21世紀研究会編
フランス7つの謎　小田中直樹
一杯の紅茶の世界史　磯淵　猛
新約聖書Ⅰ　新共同訳 佐藤　優解説
新約聖書Ⅱ　新共同訳 佐藤　優解説
佐藤優の集中講義 民族問題　佐藤　優
池上彰の宗教がわかれば世界が見える　池上　彰
新・戦争論　池上　彰 佐藤　優
大世界史　池上　彰 佐藤　優
新・リーダー論　池上　彰 佐藤　優

独裁者プーチン　名越健郎
韓国併合への道 完全版　呉　善花
侮日論　呉　善花
韓国「反日民族主義」の奈落　呉　善花
イスラーム国の衝撃　池内　恵
グローバリズムが世界を滅ぼす　エマニュエル・トッド ハジュン・チャン 柴山桂太・中野剛志・藤井聡・堀茂樹
「ドイツ帝国」が世界を破滅させる　エマニュエル・トッド 堀　茂樹訳
シャルリとは誰か？　エマニュエル・トッド 堀　茂樹訳
問題は英国ではない、EUなのだ　エマニュエル・トッド 堀　茂樹訳
老人支配国家 日本の危機　エマニュエル・トッド
第三次世界大戦はもう始まっている　エマニュエル・トッド 大野　舞訳
トッド人類史入門 西洋の没落　エマニュエル・トッド 片山杜秀・佐藤　優
中国4・0　エドワード・ルトワック 奥山真司訳
戦争にチャンスを与えよ　エドワード・ルトワック 奥山真司訳
日本4・0　エドワード・ルトワック 奥山真司訳
ラストエンペラー習近平　エドワード・ルトワック 奥山真司訳
地経学とは何か　船橋洋一
大学入試問題で読み解く「超」世界史・日本史　片山杜秀

ベートーヴェンを聴けば世界史がわかる　片山杜秀
戦争を始めるのは誰か　渡辺惣樹
第二次世界大戦 アメリカの敗北　渡辺惣樹
韓国を支配する「空気」の研究　牧野愛博
金正恩と金与正　牧野愛博
知立国家 イスラエル　米山伸郎
「中国」という神話　楊　海英
独裁の中国現代史　楊　海英
ジェノサイド国家中国の真実　于田ケリム 楊　海英
人に話したくなる世界史　玉木俊明
16世紀「世界史」のはじまり　玉木俊明
トランプ ロシアゲートの虚実　小川　聡 東　秀敏
世界史の新常識　文藝春秋編
ヘンリー王子とメーガン妃　亀甲博行
コロナ後の世界　ジャレド・ダイアモンド ポール・クルーグマン リンダ・グラットン マックス・テグマーク スティーブン・ピンカー スコット・ギャロウェイ 大野和基編
コロナ後の未来　ユヴァル・ノア・ハラリ カタリン・カリコ ポール・ナース リンダ・グラットン リチャード・フロリダ スコット・ギャロウェイ イアン・ブレマー 大野和基編
パンデミックの文明論　ヤマザキマリ 中野信子
盗まれたエジプト文明　篠田航一

歴史を活かす力　出口治明
世界一ポップな国際ニュースの授業　藤原帰一・石田衣良
三国志入門　宮城谷昌光
悲劇の世界遺産　井出　明
シルクロードとローマ帝国の興亡　井上文則
いまさら聞けないキリスト教のおバカ質問　橋爪大三郎
プーチンと習近平　独裁者のサイバー戦争　山田敏弘
ウクライナ戦争の200日　小泉　悠
大人の学参　まるわかり世界史　津野田興一
大人の学参　まるわかり近現代史　津野田興一
ウクライナ戦争はなぜ終わらないのか　高橋杉雄編著

◆政治の世界

民主主義とは何なのか　長谷川三千子
司馬遼太郎　リーダーの条件　半藤一利・磯田道史・鴨下信一他
自滅するアメリカ帝国　伊藤　貫
新しい国へ　安倍晋三
日本に絶望している人のための政治入門　三浦瑠麗
あなたに伝えたい政治の話　三浦瑠麗
政治を選ぶ力　橋下　徹・三浦瑠麗
日本の分断　三浦瑠麗
国のために死ねるか　伊藤祐靖
田中角栄　最後のインタビュー　佐藤　修
日本よ、完全自立を　石原慎太郎
内閣調査室秘録　志垣民郎　岸　俊光編
軍事と政治　日本の選択　細谷雄一編
兵器を買わされる日本　東京新聞社会部
県警VS暴力団　藪　正孝
地方議員は必要か　NHKスペシャル取材班
知事の真贋　片山善博
政治家の覚悟　菅　義偉
小林秀雄の政治学　中野剛志
枝野ビジョン　支え合う日本　枝野幸男
検証　安倍政権　アジア・パシフィック・イニシアティブ
安倍総理のスピーチ　谷口智彦
統一教会　何が問題なのか　文藝春秋編
シン・日本共産党宣言　松竹伸幸

(2023. 06) C
品切の節はご容赦下さい

◆考えるヒント

民主主義とは何なのか　長谷川三千子
寝ながら学べる構造主義　内田 樹
私家版・ユダヤ文化論　内田 樹
勝つための論文の書き方　鹿島 茂
成功術 時間の戦略　鎌田浩毅
世界がわかる理系の名著　鎌田浩毅
ぼくらの頭脳の鍛え方　立花 隆 佐藤 優
知的ヒントの見つけ方　立花 隆
立花隆の最終講義　立花 隆
日本人へ リーダー篇　塩野七生
日本人へ 国家と歴史篇　塩野七生
日本人へ 危機からの脱出篇　塩野七生
逆襲される文明 日本人へIV　塩野七生
誰が国家を殺すのか 日本人へV　塩野七生
完全版 ローマ人への質問　塩野七生
イエスの言葉 ケセン語訳　山浦玄嗣

聞く力　阿川佐和子
叱られる力　阿川佐和子
看る力　阿川佐和子 大塚宣夫
臆病者のための裁判入門　橘 玲
女と男 なぜわかりあえないのか　橘 玲
「強さ」とは何か。　宗 由貴監修 鈴木義孝構成
何のために働くのか　寺島実郎
女たちのサバイバル作戦　上野千鶴子
在宅ひとり死のススメ　上野千鶴子
サバイバル宗教論　佐藤 優
サバイバル組織術　佐藤 優
無名の人生　渡辺京二
生きる哲学　若松英輔
危機の神学　若松英輔 山本芳久
脳・戦争・ナショナリズム　中野剛志・中野信子 適菜 収
歎異抄 救いのことば　釈 徹宗
プロトコールとは何か　寺西千代子
それでもこの世は悪くなかった　佐藤愛子

知らなきゃよかった　池上 彰 佐藤 優
知的再武装 60のヒント　池上 彰 佐藤 優
無敵の読解力　池上 彰 佐藤 優
死ねない時代の哲学　村上陽一郎
コロナ後の世界　ジャレド・ダイアモンド ポール・クルーグマン リンダ・グラットン マックス・テグマーク スティーブン・ピンカー スコット・ギャロウェイ 大野和基編
コロナ後の未来　ユヴァル・ノア・ハラリ カタリン・カリコ ポール・ナース リンダ・グラットン リチャード・フロリダ スコット・ギャロウェイ イアン・ブレマー 大野和基編
スタンフォード式 お金と人材が集まる仕事術　西野精治
なんで家族を続けるの？　内田也哉子 中野信子
教養脳　福田和也
コロナ後を生きる逆転戦略　河合雅司
超空気支配社会　辻田真佐憲
明日あるまじく候　細川護熙
百歳以前　徳岡孝夫 土井荘平
老人支配国家 日本の危機　エマニュエル・トッド
迷わない。 完全版　櫻井よしこ
いまさら聞けない キリスト教のおバカ質問　橋爪大三郎
ちょっと方向を変えてみる　辻 仁成
フェミニズムってなんですか？　清水晶子

小さな家の思想　長尾重武
日本人の真価　藤原正彦
日本の伸びしろ　出口治明
ソーシャルジャスティス　内田　舞
70歳からの人生相談　毒蝮三太夫
柄谷行人『力と交換様式』を読む　柄谷行人ほか

◆サイエンスとテクノロジー

世界がわかる理系の名著　鎌田浩毅
「大発見」の思考法　山中伸弥 益川敏英
ねこの秘密　山根明弘
ティラノサウルスはすごい　土屋　健 小林快次監修
アンドロイドは人間になれるか　石黒　浩
マインド・コントロール　岡田尊司
サイコパス　中野信子
首都水没　土屋信行
水害列島　土屋信行
植物はなぜ薬を作るのか　斉藤和季
超能力微生物　小泉武夫
フレディ・マーキュリーの恋　竹内久美子
猫脳がわかる！　今泉忠明
ウイルスVS人類　瀬名秀明・押谷　仁 五箇公一・岡部信彦・河岡義裕 大曲貴夫・NHK取材班
がん治療革命 ウイルスでがんを治す　藤堂具紀
ゲノムに聞け　中村祐輔
妊娠の新しい教科書　堤　治
AI新世 人工知能と人類の行方　小林亮太 篠本　滋 甘利俊一監修
お天気ハンター、異常気象を追う　森さやか
スパコン富岳の挑戦　松岡　聡
分子をはかる　藤井敏博
メタバースと経済の未来　井上智洋
半導体有事　湯之上隆
チャットGPT vs.人類　平　和博